Revanschen

复　仇

失忆的年代长篇系列之六

Revanschen
复 仇

KJELL ESPMARK

[瑞典] 谢尔·埃斯普马克 著

万之 译

世纪出版集团 上海人民出版社

中文版序

　　这个小说系列包括七部比较短的长篇小说，形成贯穿现代社会的一个横截面。小说是从一个瑞典人的视角去观察的，但所呈现的图像在全世界都应该是有效的。人们应该记得，杰出的历史学家托尼·朱特最近还把我们的时代称为"遗忘的时代"。在世界各地很多地方都有人表达过相同的看法，从米兰·昆德拉一直到戈尔·维达尔：昆德拉揭示过占领捷克的前苏联当权者是如何抹杀他的祖国的历史，而维达尔把自己的祖国美国叫做"健忘症合众国"。但是，把这个重要现象当作一个系列长篇小说的主线，这大概还是第一次。

　　在《失忆的时代》里，作家转动着透镜聚焦，向我们展示这种情境，用的是讽刺漫画式的尖锐笔法——记忆在这里只有四个小时的长度。这意味着，昨天你在哪里工作今天你就不知道了；今天你是脑外科医生，昨天也许是汽车修理工。今天晚上已经没有人记得前一个夜晚是和谁在一起度过的。当你按一个门铃的时候，你会有疑问：开门的这个女人，会不会是我的太太？而站在她后面的孩子，会不会是我的孩子？这个系列几乎所有长篇小说里，都贯穿着再也找不到自己的亲人或情人的苦恼。

失忆是很适合政治权力的一种状态——也是指和经济活动纠缠在一起的那种权力——可谓如鱼得水。因为有了失忆，就没有什么昨天的法律和承诺还能限制今天的权力活动的空间。你再也不用对自己的行为承担责任——只要你成功地逃出了舆论的风暴四个小时，你就得救了。

这个系列的七部作品都可以单独成篇，也是对这个社会语境的七个不同的切入视角。第一个见证人——《失忆》中的主角——是一个负责教育的官僚，至少对这方面的灾难好像负有部分责任。第二个见证人是一个喜欢收买人心的报刊主编，好像对于文化方面的状况负有部分责任

2

（《误解》）。第三个见证人是一位母亲，为了两个儿子牺牲了一切；儿子们则要在社会中出人头地，还给母亲一个公道（《蔑视》）；第四位见证人是一个建筑工人，也是工人运动的化身，而他现在开始自我检讨，评价自己的运动正确与否（《忠诚》）。下一个声音则是一位被谋杀的首相，为我们提供了他本人作为政治家的生存状况的版本（《仇恨》）。随后的两个见证人，一个是年轻的金融巨头，对自己不负责任的经济活动做出描述（《复仇》），另一个则是备受打击被排斥在社会之外的妇女，为我们提供她在社会之外的生活状况的感受（《欢乐》）。

这个系列每部小说都是一幅个人肖像的细密刻画——但也能概括其生活的社会环境：好像一部社会史诗，浓缩在一个单独的、用尖锐笔触刻画的人物身上。这是那些伟大的现实主义作家如巴尔扎克曾经一度想实现的目标。但这个系列写作计划没有这样去复制社会现实的雄心，而只是想给社会做一次 X 光透视，展示一张现代人内心生活的图片——她展示人的焦虑不安、人的热情渴望、人的茫然失措，这些都能在我们眼前成为具体而感性的形象。其结果自然而然就是一部黑色喜剧。

这七个人物，每一个都会向你发起攻击，不仅试图说服你，也许还想欺骗你，就像但丁《神曲·地狱篇》中的那些人物。但是，这些小说里真正的主人公，穿过这个明显带有地狱色彩的社会的漫游者——其实还是你。

Güll Esposde

2012 年 9 月

译注:

托尼·朱特（Tony Judt，1948—2010）为英国历史学家，其代表作是《战后：1945 年来的欧洲史》。米兰·昆德拉（Milan Kundera，1929— ）为长期流亡法国的捷克作家，代表作有《生命中不能承受之轻》等。戈尔·维达尔（Gore Vidal，1925—2012）为美国作家，擅长创作当代历史小说。所谓"健忘症合众国"英文为 United States of Amnesia 和"美利坚合众国"United States of America 谐音押韵。

坐下。行了，我说过了，你坐下，别站着了。你就得忍着点，等衣服干了再说。你没理由那么发火。相反，我把你从水里拉出来，你他妈的应该高兴才是。要不然你立马就淹死了——你已经差不多昏过去了。当然，这确实是很痛的。你的太阳穴这里肿起来一大块，脸也被刮伤了，不成样子。你掉到水里的时候，头肯定撞在木码头的边缘上了。没有啊，我可没什么镜子给你照。你信我的话就是了。要不是我把你从水里捞起来，你现在就完蛋了，尸体都漂到湖那边去了。你是头朝下扎在水里的。事实上，有好几分钟你根本没了知觉。

瞧你的手，抖成那个样子，也就是因为休克过了。我自己也经历过这种事情。过后你还会发抖好一阵子。让我帮你把毛毯裹好一点吧。把这杯威士忌也喝了，那你身上

1

很快就有点热气。对了，我是没办法，不得不把你身上的破衣服给脱掉了。你自己无论如何也明白，如果这么冷的天气，你还穿着那身湿衣服，可能最后会得肺炎。眼前这种情况下，那可能就是致命的问题。不过，我担心的是外面，还有更多显而易见的危险。我有很充足的理由相信，外面有人要害你。不过，只要你和我在一起，你会平安无事的。

再过一会儿，她就回来了，这可是一个和我同甘共苦的顶呱呱的好人。她本来早就该回到这里了。从这里到店铺其实只要十分钟，而且今天也就是一个很平常的星期一，所以下午店里排队的顾客不会那么多的。再说，我也告诉她了，不用买多少东西，现有的东西够我们吃的了。你瞧见了，我们船上条件还是不差的。不过她很固执，一定要去买点东西。现在土豆都快煮好了。她真他妈的是没事找事。其实我这里什么都有，鲱鱼、酸奶酪、葱。甚至还有点配土豆的香菜呢。还要加上冷啤酒和家酿的烧酒。不过，她要是脑子有了什么点子，你跟她争也没用，拦也是拦不住的。最糟糕的情况下，我们可以先吃，就不等她了。对啊，当然得给你先吃点东西啊。你就别老那么客气了。干我这一行的，我对很多人都负有责任呢，习惯了照看人，我知道怎么做对他们是最好的。我跟你实说了吧，现在让你自己出去，可是对你最危险的。你知道吗，你完全可能是被什么人推下水里去的。

行了，别动！就算你吓了一跳，你也别坐到那边去。我知道，我知道那个床是还没铺好的，就得那样。那床就得那个样子留着，被子要朝墙壁塞过去，床单和枕头也不要叠好。这是我的生活的不可缺少的一部分。那个茶杯也一样，你看杯口边缘上还有唇膏留下的痕迹呢。这些都是不可以改变的。我有我的理由。只要你别乱动我的东西，你在我的船上可以随便活动。不过你得小心，不要去碰电脑。我正有大生意要做，这里其实就是一个商业中心，所以要是你不巧把什么东西给关闭了，就可能弄出上千万的损失。

对，外面肯定有什么会带来危险的势力。现在雷电已经过去了，雨也停了，外面的景色看起来很平静。你要说完全是一片田园风光那倒也不对：总是这里少了点什么，那里也少了点什么，差不多就像我们的人脸一样，总有点什么是残缺不全的。不过，那些栗子树，还有朝向湖那边的山坡，这些肯定还都是老样子，不会有什么不同的。我还很小的时候就到这一带的群岛来住过了。尽管那个时候不一样，没什么人，你在这种眼花缭乱的图画里都没法辨认出什么模糊不清的人影子来。

3

我觉得你现在脸色恢复得好多了。我刚才不想说，不过你起初真的是脸色苍白，就像张白纸。我相信你很快就会恢复元气了。你可以相信我。要说怎么想法活下来，那我可是专家。确切的事情我记不住了，不过我肯定参加过好几次探险队的活动。那可不是闹着玩儿的，要能应付各种各样的情况，要想法活下来，比如在暴风雪里，在极地的冰冷天气里，而且还没有吃的；或者是在沙漠里，而向导还把你坐的吉普车也放火烧掉了，当作对你的挑战。天知道我们怎么会找到这种事情做。尽管什么看来都跟我过不去似的，我还是做了很多训练，想卷土重来。你现在碰到的这种人，我还是对付得了的。

我注意到了，当我说"卷土重来"的时候，你是有些反应的。我明白。现在的人，只要过几个钟头，就不知道自己是哪里来的人。不过，你不知道在我们的圈子里弄出来的一个安全系统。我们采用了大多数人已经不再考虑的方法和步骤。我们完全可以说，精英分子就是那些给自己上保险的人，从来不会放下控制器，不会放过任何机会。在这个家庭里，我们处理失忆，就跟处理酗酒一样——在我们的生活里这种现象是到处存在的。干我们这行的，谁要是染上这种毛病，就算完蛋了。

那些被排斥被拒绝的人，自然就剥夺了这种要很警觉地在场参加的权利。那他们就掉下去了，掉了又掉，打开的降落伞只能防止他们摔死，特别是在和一般人的日常生活接触到的时候摔死，但你没法阻止他们最后落在完全迷失方向的地方。

我想我们还是开始吃吧。她兴致这么好的时候，会在外头拖延很长时间的。你需要吃点东西，身上才有热气。我想你就会恢复过来的。可你也别做出他妈的这种感恩不尽的样子给我看哪。不管怎么说，我怀疑是我的一个熟人把你推下水去的。其实你在我这里，让我挺高兴的。饭桌旁有个伴其实是件好事情。要是一个人独斟独饮，真会有点良心不安。而且，听一个局外人从他的角度谈谈对这件事情或那件事情的看法也不错。就和现在的记忆一样，要区别什么是之后，什么是之前，都已经不那么容易了，更别说什么是从前发生的事情，什么是后来发生的事情。你从电脑里得到的信息其实全都是片断的，对某些具体事情的前后经过做些调查也没什么害处。像你这样的，能提供一个额外的角度看问题，可以帮助我看清某些关键的部位——就像有人导航的时候一样；除此之外，没什么让你更加奇怪的事。

我没有问过你，你来这里干什么。因为我不需要问。能找到这个地方来的人，自然和在互联网上找我的那些人有同样的目的。你想掌握现在的情况。我呢，又是不多的几个能提供有用信息的人里的一个。市场本身是不会吐露什么字给你的。

不过，你可以坐得离我近一点吧。我不想提高我的嗓门。我们也没有必要去招惹那些电脑。今天这些电脑好像都有点古怪，反复无常。

我们说到哪里了？对，说到你看问题的角度。这个房间里有没有一点恶臭的气味？就像是从超载的变压器里散发出来的那种气味。我自己是早就闻不出来了。也许你还会感觉到一种紧张，一种不耐烦的情绪，就好像充电器，一会儿在这里，一会儿在那里——肯定是这种电感应让披在你身上的毛毯的毛都竖立起来了。这里面现在还有一种咄咄逼人的攻击性，感觉就和刚才雷阵雨的时候的气氛是一回事。不过，它和在外面游荡的那些可疑的势力也是勾结在一起的。难道你就感觉不到吗，船舱里面有几乎可以触觉到的不安分的气氛？好像有什么东西在这里跳来跳去，要求你回来复仇，就像一个神经紧张兮兮的、已经完全不年轻又想杀回马枪的网球运动员，在平局之后就要打决胜球的时候的那种样子，身上都要冒出火花来了。

你感受到的就是复仇的一小部分。我以后还要跟你谈谈这个问题。我自己在这种紧张环境里生活得太久了，习以为常了，所以几乎注意不到它了。行了，你别老瞅那些空的威士忌瓶子了。我还没那么迟钝呢。到了天黑的时候我总要喝两杯，这是有我的道理的。要是你看到了我已经看到的东西，你也会帮我把这些瓶子给喝空了。

照我的理解，我为我的成功是付了代价的。只不过我自己还不知道是什么代价——而这个是我必须知道的。要一个局外人帮忙，这有点让人难为情。可到我这个地方来的人不多，我自己也不愿意进城去。既然你已经坐在我这里，也有一两个钟头了，还能明白不少我已经感觉不到的事情，就像是这个世界上最自然的事，那你当然能提供一点看法，说说我们周围这些闪出火花的、还发出恶臭气味的东西到底是怎么回事。作为交换，你可以得到你要从我这里得到的信息。不管怎么说，是我刚才把你从水里捞起来的，所以我要你帮我一把，这要求也不能算过分吧。我必须搞得更明白，我为什么坐在这里；好像这里是一个专管复仇事务的枢纽。不过，我首先是要知道我为我的胜利付出了什么代价，其实这胜利也不过就像个微弱的风扇，不时能把风吹过我的身体而已。什么都是有代价的，这你肯定知道。

也就是说，我希望你把你的感官借我用一两个小时。不过，我也希望你能反对我。只有通过对立，才有可能理

7

解更多别的事情，而不只是自己习惯理解的事情。

要是你肯出把力，那我们就能搞清楚一两件我自己一个人搞不清楚的事情。作为回报，我也敢向你保证，我们的谈话会为你搞清楚一点事情。你不但会明白你为什么会被人推下水，还会知道为什么在这个湖湾里会聚集咄咄逼人的攻击人的势力。你不是想找到一种诊断结果吗？你可以相信，当你过一两小时离开我这里的时候，这个世界在你的眼睛里看上去已经不一样了。

你居然对那张同学集体照着迷，真有点奇怪。照片挂在那里已经不知有多久了，用图钉钉过的地方都有了一些小碎片，我其实也有好多年都没理会这张照片了。是的，那是没错的：有些面孔上面打了勾。站在学校大门口台阶上的这些同学里，正好是打勾的这些面孔掉了色，闪着白色的斑点，这不是很奇怪吗？我肯定是用这样或那样的方式跟他们清算过当年的账了。

在我身上发生过的事情，既是残暴的强人所难的，同时也是不清楚的。对你来说大概就像刚才你苏醒过来的时候，浑身都湿透了，头上还有伤口，而你都没搞清楚自己遇到了什么事情。我没对你说吗，我自己也有一次跟你一样，坐在那里浑身发抖？按我的理解，我的成年人的生活就是从那次事件开始的，不过背景是什么模糊不清。在这个文件夹子里我记下了某些要点，还用了一个孩子气的几乎现在都认不出的字标记的"战场日记"。这是充满了谜团的笔记，给人留下某种非常令人痛苦的东西。我只是部分地掌握了其中的情况。我对整个事件是一点记不住了——这也可能是别人写的日记。对啊，你也明白失忆症现在是怎么影响我们的。

我敢肯定的是，我摸索的东西对于照片上的那些男孩子是非常重要的，特别是那些划了一个叉但是还没有打勾的人。他们为了及时知道，也许愿意把自己拥有的所有的东西都拿出来。但是不能让他们知道。你也从来不可能跟他们说这个。行啦，看在老天爷的份上，你就坐下吧！那也不是什么威胁。我瞄准的是一般人的失忆问题。我必须让你留在我这里一两个小时，要搞清楚一些让我不安的事情。也许还要搞清楚你才会让你走。然后你就会把什么都马上忘记了，就算你以后跟你进来的时候已经不一样了，不是一个人了。你的身体记忆下来的事情，我的敌人是没法搞清楚的。

首先我们得搞清楚二十年前发生的一些事情——日期在这个日记本里有。我大概是十三或者十四岁吧。我拿了把手枪，把枪口插在嘴里。我的大拇指扣着扳机。感觉是非常别扭的，也很傻，同时也觉得很陌生，不像是自己；

很明显，是你在帮我感觉啊。那是我老爹的手枪——他当然是一个预备役军官——这把枪里有这个家庭独特的恶毒凶险的冰冷。

我又加重了一点力量去扣扳机，心里还奇怪为什么子弹还没有射出来，没有把我的后脑勺给炸飞掉。我又停下了一会儿。不过，我很快就要把这事情了结。没有别的出路。我现在还能感觉到这个，尽管现在我已经不那么感情用事了。

对啊，有你在我旁边，我能从过去发生的事情的残迹里面读出很多东西，虽然已经都是片断，但还一样清楚，就好像外面那个小小的半岛上堆的树枝。也好像复仇的愿望会帮点忙：伤疤是不会失忆的。

我周围的这些房间都是很高大的，布置得也简朴，有点破旧，可又蔑视一切。它们并不装模作样，不会装作天花板没有裂缝，墙纸没有发黑，油漆也没有剥落。这个清冷的公寓可以算是个博物馆，展示的是那些把自己当作展品的人。墙上挂的卡罗琳娜女王时代的军刀已经磨损了，在那些破损的镀金画框里的朝廷大臣的面孔也干枯了，所有人都向上散射忠诚的目光，而对下则是漫不经心完全不当回事情的样子。我能感觉到这个家庭的记忆压在我的十三年上的重量。或者是十四年吧？其实我就不该属于这个圈子！那幅大油画上画的是我祖父的祖父狩猎的场面。他就是那个穿着绿色狩猎装的人，脱下了一只手套，叉开了手指在指挥整个狩猎过程。猎犬在激动地等待他的命令，脖子上套着的绳子还没有放开，可都已经急不可耐，跳到了半空中。他身边的猎手们也都已经用严峻的目光找好了猎物。在这个有了裂缝而闪现微光的团体里，你却找不到一条可以逃生的裂缝。猎物已经完全找好了——这个猎物其实就是我。

我早知道了。我的班级里那些折磨我的人和这个房间里围绕着我的黑手党是勾结在一起的。他们有同样的缩紧了的鼻孔，有同样的向上翘的上嘴唇。现在那些气喘吁吁的猎狗已经得到命令，可以扑向猎物了，可以想象，猎物就在这张画的前面六步远的地方。那也偏偏是我站着的地方。我的同学也刚好抓住了我，他们嗅到了血的腥味，也开始磨他们的牙齿。

我单膝跪在学校院子里的沙地上，一直想站起来，可每次都又被推倒。围着我的是一张张激动的脸，全都在晃动，还从喉咙里吼出起哄的声音：——喔——喔喔——喔喔喔！——喔——喔喔——喔喔喔！我现在明白，那些日子我是多么弱小。你能清楚感觉到膝盖下面的每粒沙子，咯得你疼痛难忍；折磨我的人身上每条展示仇恨的皱纹也都非常明确。此时此刻，这个超级敏感的神经中枢正在遭遇持久的地震。天空成了一个布满血丝的血管网络。斜架在上空的爬杆已经触及不到了，学校的栅栏门已经移动到了距离一公里外的地方。其他人狞笑着，也是愤怒地把我扔过来扔过去，这成了眼下唯一的现实：我只看到他们的指关节，看到牙齿，看到皮鞋。——喔——喔喔——喔喔喔！一次又一次地吼叫，一天又一天地吼叫，一个星期又一个星期地吼叫，直到我被他们的价值观念完全征服。

这个男孩子让人感到非常陌生，尽管眼前的这张照片近得让你难以忍受。这是能让人哭鼻子的羞辱，是人被抛弃的冻僵了的感觉，还有被其他人的判决完全压倒的体会——所有这些显而易见的，不过多多少少也是在你的思想达不到的地方。

除了自己带着捕蝴蝶的网一个人出去，我还做些什么呢？更喜欢听听莫扎特，或者尝试作曲，写一点钢琴曲什么的。就好像这还不够。一张不堪一击的脸先是引出了分散四周的一片猎狗的吠叫声，然后是一片密集的黑压压的牙齿，还有狗皮和凄厉的嗥叫。一点都没想到我还是那么努力的。而且无限好奇；就要知道有关这个世界、有关历史和有关这个宇宙的所有一切事情。你可以看这儿。我这本《基督山恩仇记》的封套内侧夹了一张有金边的红纸条：**奖给某某某**。我能相信，这样的纸条能通过猎狗的眼睛而又不受惩罚吗？要是贴在这里的纸条是用我自己的血来染红的，就最说明问题了。难道一个胆小鬼也会得到奖赏吗？嘲笑你的笑声已经僵硬起来了，要吃你的牙齿也都已经露出来了。

过了一个星期又一个星期，过了一个月又一个月，我一直都忍受着迫害，而老师们都装作没看见，因为这种迫害的规模已经到了有伤学校面子的程度。我已经没法睡觉了。我做的所有的梦都有狂吠的猎狗，还有狗爪子。到最后就只有一个可能性了，就像过去的时候学校里的小后门，专给那些没通过毕业考试的高中生悄悄离开学校。我的敌人的价值观念现在也成了我自己的了。对我的判决已经宣布了。我坐在那里，把枪口都塞到我的嘴里了。这枪口现在已经不冷了，已经是温热的了。我们，我和这把手枪，现在都已经互相认识了。我们已经有了协议。

我看见墙上展示家族成员的油画上有了一个缓慢的动作。画上的女人们都转过身去，避开不看，但是那些军官和大臣们都贪婪地向前挤过来，要走出本来要把他们保持在原位的画框。他们的判决，一个更高权威的判决，也已经宣布了。这个男孩一点用处都没有：他太虚弱了，也太爱臭美了。把这个枝节砍掉吧！快了，我只是等着更多勇气扣扳机。我是在等待一轮新的绝望。

但就在我等待的时候，在围绕着我的这些人急着要看好戏而且先断先知的模样清晰起来的时候，愤怒也在我身上增长起来。是强烈的愤怒，依然也像血管的网络一样是有很多分支的。这时我停了下来，把枪从嘴里拔出，在记事簿的纸上擦干净枪口上的口水。我小心翼翼地把枪放回到枪盒子里去，我的唾沫和手里的汗还留在上面，而且枪的保险栓也还没有重新扣上——我一步都不后退！

我就接受这场决斗吧。得照**我的**条件来斗。我在书桌前的椅子上重新坐好，把《瑞典日报》拉到我的面前。我在报纸的边空上草草写下了我的战场计划。对手的名字，每个人的名字旁边还加了一个小小的死人骷髅头。还有立即要采取的措施，最后是从长远来看需要的控制手段。一个复仇的提纲。这张报纸我一直还保存着呢，现在已经发黄了，破损了，但是还贴在这本《战场日记》里。模糊的字迹当然只有我能看得清楚。一定是我经常读，所以几乎都能"背诵"下来了，这当然是一个过去时的词了，现在谁还能有记忆"背诵"啊。此外我还有这张同学集体照，我把我的仇敌都打了勾，因为他们都是我复仇的对象。他们还真帮忙，全都在照片上签了他们的名字，所有同学都签了，就我没签，因为我根本就没出现在照片上，这不是很奇怪的事情吗？而我还是很有把握地说，这是我的同班同学集体照。我肯定就是在摄影师来拍照的那天躲开了，我成功地躲开过几次，这是其中的一次。

也就是说我还坐在书桌前面。现在我开始浑身发抖，连笔都握不住了。我咬紧牙关，还用手抓住书桌的边缘，因为这时候整个房间变成了一个无边无际的战场，有很多驱赶着你的烟雾。我的新生活里，头一件事情就是得停止发抖。还有件事就是能重新去看。对于一个复仇者来说，这些材料还远远不够。

当我坐在那里咬牙切齿的时候，不管怎么说吧，你也许还可以看到我身上具备什么可能性。照片上的所有男孩子全都是未出道的胎儿呢，却能让人预料到他们将来的命运。叫图比亚斯的这个男孩，一副脸相就是要出人头地的样子，保证将来有个锦绣前程。他是个善于游说的人，而且是不会带偏见的，就像他在校园里组织对我的迫害一样。汉卡的签名是在一张讨好人的面孔下面，在这张脸上你已经能分辨出一个广告业里的那种大亨，诨名可能叫做什么大师，粘糊得像是胶水，但是一点也不难甩掉，不会像他自己身影旁边的那个小小的黑叉那么难。用同样的方式，你也许可以猜想到，在老爹书桌边坐着的这个表情倔强的男孩子的下巴，是属于本国最大的公司之一的总裁

16

的。今天我还没真正到达那个地位。不过，他妈的你可以百分之百相信，是我自己抵制——我有我的理由。也许过五年，那个时候就没人能让我下跪了。那个坐在老爹书桌旁边的男孩子，那个刚刚克服了自己的抖颤的男孩子，那个时候他就是高不可攀的了。

在我老爹房间里的那面长墙上的先祖，他曾经紧张地抓着自己身边挂的剑柄，现在已经不再去抓了。他有那种游移不定的恶意的笑容，那是他几乎一分钱不花就让他吵闹的佃农同意了他开出的条件时会露出来的笑容。可他或许也犯了错误。他怎么能那么肯定，他的精子管得了我呢？

我相信，谁要是想教训我，打了一下我的脖颈，那第二天我就会把他的耳朵撕下来。学校院子里的吵闹声，现在硬化成了让人惊讶的尊敬。以前我难道就没有想到过，我其实也值得发发火吗？

可你再吃一块鲱鱼呀。再加点新鲜土豆。这是本地出产的。对啦，好好吃饱啊。我也没有什么饭后甜点给你。我们就分掉这盒草莓吧，是我从一个骑着摩托到码头边来推销的小伙子那里买的，他还跟我讨价还价。这里有一种晚熟的草莓。还有，你也可以把这第三盘鱼也吃了，反正我们已经说了够长时间了。显然她是不来吃了。鬼知道她到哪里去了，天都快黑了。现在可是记忆都没了的时代，她可真敢冒险啊，记不得回来的路怎么办？

你别误解我。我不是抱怨一般的失忆。其实就是失忆让我发大财的。过去的事情对你还有什么用——除了你要用来复仇之外？我在日记的前几页里看到几行字，说我上学的时候对历史很感兴趣，这还真让我吃惊。我的确是读了不少历史著作，纯粹是出于好奇心。有一部分还是经典的历史著作。现在我已经清醒多了，和那些过去的事情里瞥见的东西保持着冷静的关系。它们其实也是商品，就和机器部件或者人体器官一样，是地主的财产，是热情而又未出生的灵魂。在我从事的这类经济预测工作里，能确保下来的碎片才是有至关重要的意义的。我已经明白了，要是去参与市场上的操作，而没有我能做到的对这类经济前景的有效预测，那是非常危险的，而那些能确保下来的过去的事情留下的碎片呢，也正是我的预测基础，以这种方式它们也成为对那些舞台上的演员有间接重要性的因素。我也敢说，我对历史事实和关系的分类整理，符合对于精确性和相关性的所有合理要求。从另一方面来看，历史本身现在对我已经没什么意思了，不过就是用来印钞票的纸张而已。

如果你再待一两个小时，你可能会多明白一点，在如今这个失忆的时代，人们是怎么做生意的。我们的时代本来是用赢利的合同来构成的。在你的日常生活里，你会因为不知道你在什么地方而感到烦恼。而在我们的电脑构成的空间里，你在什么地方已经不重要了。你是到处都在同时又到处都不在。你当然知道，瞬时转账是怎么完成的：几百亿的钱在全球转眼间都挪了地方，比你说一个字的功夫都快。你可以在十五分钟内成为富翁，然后再过十分钟又成了穷光蛋。不过，你没有考虑到的是，要完成这样的操作，要求你有什么样的嗅觉。要紧的是在实际的气氛里觉察，这样就知道在下一秒里你必须采取什么措施。你在你鼻孔的粘膜里就可以感觉到即将发生的股票下跌：你会感到粘膜发紧，就像你在零下十五度的天气里到外面去的时候的感觉。那时就得赶紧了。那时就是你摧毁别人或者被别人摧毁的时候。但是再过一两个小时，就没人记得住了，什么都记不住，只有我，或者更正确地说，是我的仪器，还储存了策略选择保存下来的信息。否则，这个电脑系统就已经把所有转账的残留痕迹都清除掉了，不管是可疑的还是正确的转账。那些没有包括在这个瞬间的，就归审计师管了，以便去报税。那些可怜的审计师有一大堆令人困惑的线索，可没有能闻到气味的嗅觉。

失忆的年代就好像是专门为了复仇的。我的感官同样也是。看来我已经摆脱了学校院子里被那些"喔喔喔"喝倒彩的小流氓们包围着的那个小男孩身上的有危险的敏感。不过，对于经济温度变化的嗅觉，反而更加敏锐了。我相信我很早就把我所有的敏感性都对准了来自市场的信号，学会去把握它们，我练了又练，直到我能听到其实第二天才会到达股票市场的风声。要是市场也有嘴巴能张嘴说话的话，那么我是少有的那种人之一，能通过看它的嘴唇嚅动就能明白它的窃窃私语是什么意思。

从后来的角度去看，我就明白为什么我在学校里是受排斥的了。在我身上，我的同学和我的先祖都感受到一种他们同样都会蔑视的性格，就是说我太脆弱了，简直弱不禁风，太容易受伤害了。我太倾心于文学艺术，喜欢舞文弄墨又很业余，要把我弄进什么政治经济团体的话，那我既不足够强悍，也不足够可靠。这个汉诺必须赶走——在日记里出现的这个名字，是我从一部俄罗斯小说里抄来的。小说写的是一个大家都觉得没出息的男孩子，最后突然有了胆子，用斧子砍死了自己吝啬和自私自利的母亲。

我已经给自己上了一课。要不是这份复仇草稿追加了更加严肃的见解，那么我那些孩子气的基督山伯爵式的复仇计划，肯定会和被虫蛀坏的印第安人的红袍子一起扔到火堆上烧掉了，一起烧掉的还有一个破碎的植物标本夹子，一些笨拙地涂写出来的乐谱。

但算账的结果是孤独。早在我坐在这张书桌前起草我的复仇蓝图的时候，我就完全是孤家寡人了。我的父亲本来是一个充满热情的人，也把自己变成了一个家里的局外人，整天埋头于自己的发明，还有他的事业，他的越来越冒险的贷款。不管怎么说，这还是我可以理解的。而我的母亲则不一样——她对我简直就是不可解释的谜团。每天她都看着我怎么受折磨，她看着我的脸怎样痛苦得扭歪，而且我还拼命不要哭出来，不管怎么样就是不能哭，可她只是袖手旁观。就好像她和学校的老师们也是一伙的。不，和老师们还不是——老师们其实就怕他们需要知道，他们不敢这么看。相反，我母亲虽然看着我受罪，但袖手旁观，什么都不说。也许有时候她会伸出一只手，一只孤独的同时也是迷失方向的手，越过书桌朝我伸过来——不过这也就是为了能尖利地叫喊着再把手缩回去。

译注：

据作者解释，此处提到的脆弱男孩汉诺（Hanno）本来出自德国作家托马斯·曼著名小说《布登勃洛克一家》中的人物，并非出自俄罗斯小说；而用斧子砍死母亲的情节则是混淆陀思妥耶夫斯基著名小说《罪与罚》中主人公砍死当铺女老板娘的情节。这一"错误"说明本书主人公也在失忆状态。

是啊，你已经感到好奇了——我自己也想知道，那种感觉是什么样的。我注意到，你已经开始摸索我的复仇计划里的下一章了。我是不是向你打过保票，这章是有关更加重要的事情，真正具有实质意义的事情，而不仅仅是一个在学校里受了欺负的男生身上的复仇欲望？我想，在你去摸索那些剪报的时候，你就找对路子了。你料想到了，那些剪报一定有些特别的意义，所以会用图钉钉在那张学校的同学集体照的旁边。你当然也会疑惑，我和那个夹在两个警察中间被拖走的家伙有什么关系。

剪报上那张照片里的男人，号称是我的父亲。而这张已经发黄的，有了很多水泡的剪报，显出那种样子，好像它捕捉住了那个让我家最没脸面的时刻。照片的情景说明这不仅仅是什么破产的问题：这里还让人感觉到诈骗案的重大嫌疑。在那个被拖走的男人身上能明显看出，他来自一个老式的家庭，而且也是无辜的，不过同时也能看出，这对他并没有一点用处。自然，只要过一两小时，警察就会把他释放了，还会不好意思地忙不迭地道歉，可图片上他的狼狈样子，再也不会从他的脸上消失了。他就成了那个被带走的人。如此接近令人羞耻的不幸，这种羞耻感自然会像火灾后留在我衣服里的烟味一样，很长时间都挥之不去，在我发愤就读商学院的那几年也一直如此。没有人会像我那么快就拿到了商学院的毕业证书。

　　我以为，我已经看到，整整一个时代都浓缩在墙上钉着的这张剪报上黑白光点排成的照片里了。但是，这个时代其实不是在他身上显现——他是出生在一个错误的时代——这个时代是显现在牵涉到他的那些事情上。他看上去像是那种比较老式的企业家，也是一个天才的发明家。他会把一种想法推行到市场上，会建一个小小的但是有世界影响力的企业，有巨大的扩展可能性。对于老牌的瑞典企业界来说，他显然是一个生得过晚的元件。瑞典企业界曾经创建过电话，发明过电灯泡。可一个那种类型的工程师在我们这个时代会有什么用呢？对我们这个时代金融巨头和社会民主党都下定决心达成了一致意见：没有任何发明可以引起权力结构的改变，也没有任何小公司小企业可以逃过税收的罗网，拜托了，谁也别想那么干。赢利和稳定的就业有一种合作关系，它们把历史的矛头都对准了这个过时了的老头子，幸运的是他现在已经被警察拖走了，他的两只脚还沿着大街一路拖过去。就算他过了几个钟头又被释放了，但是他的事业已经被粉碎了，让人不舒服的新思想也已经被消除了，还有营养，还能分吃的残余的东西也被市场上的那些大腕们分掉了。其中一个还在这张剪报的最下面留下了姓名，还特地用大写字母写清楚了——托马斯·林德。这是一个银行管事，他在父亲最困难的关头，像釜底抽薪一般把现实从父亲的脚下给抽走了。你很快也会和他见面的，或者说是和他剩下的那些部分见面。

　　我不在这张照片上，而是在边线外，是没有人原谅的那个人。直接以我为焦点的，是贴在墙上的第三张照片。就在我知道了内幕的那一刻，电视的报道让我大吃一惊。现在已经不是什么彻底破产的问题了，而是媒体在这个故事里看到了什么症状，他们试图把这件事吹大，搞成此时此刻能让大众开心的事情。记者和摄影师纷纷涌进来，看来都准备好了像狗吠一样的问题，手边也早就有了揭露秘密的回答。我的脸被拍得不成样子，结结巴巴的，都无法认出来那是我的面孔了，在我说我们会"重组"的时候脸上已经全是皱纹，拉都拉不开了。在社交圈子里，这种表

24

达方式已经是一种套话。要是你离婚了再婚，那也叫"重组"；要是你把手里的股票换成了有利息的债券，那也叫"重组"。甚至商学院老师在上课的时候也会用这个词，眼睛里则有一种不怀好意的目光，和别人可以心照不宣。我在日记里有几行字就是写这个的。电视上我的画面已经分解了，有很多黑色线条横过画面，这是一个"同学"发给我的。这当然不是偶然的。那些给我父亲判刑的人里面有好几个人的孩子肯定就是在学校里欺负我的那些同学。我的决斗计划因此有了新的挣面子的意义。

人们不能原谅我的原因，就是因为我成功地保留住了在这里的房产。用那么巨大的斧子对我父亲创造的一切大砍大伐之后，我们应该被他们体面地剥得光光的，什么都不剩了。可我们还保留了在郊外的岛上的那座房子，这是我们的夏季宫殿，所以他们不能原谅。那个房子就在这里不远的地方，大概一箭之遥吧。它就在你能看到的山坡上那排栗子树的后面，不过我已经有好多年都不在那里睡觉过夜了。我不敢冒险，怕我会把我的感觉丢了，然后就找不到回这里的路了。可不能让我的安全冒什么风险。

而**我**不能原谅的，是那些有权有势的大腕们对我父亲的谋杀，对我们家庭企业的谋害——还不用说他们反对任何较小企业的上升，害怕这种企业在现在的企业界获得一种新的生命力。当我谈到这些的时候，复仇的火焰就会在我的舌头和嘴唇上燃烧。

把一个人一生的事业毁掉，就能让他粉碎。这是可以理解的。不过，只有在事情接近的时候，你才会开始真正地理解。我当然对已经被粉碎的父亲已经没什么记忆了。在我的脑子里他就是一片留下的空白。他是那种好像到处都能找到他的归宿的人，不过，在他把神经末梢都连接到自己的事业上去之前，他又带着一种自我嘲弄的微笑，把自己知道的东西翻了个，扭了形。当公司被人瓜分掉，记录着他的经验的文件也全都被扔进了碎纸机切碎，留给他的就是一堆失去了方向的良心碎片。他是那种总有很多新点子的人，总会突发奇想，还能让这些想法在所有房间里跑来跑去，闪射火花的新创造也许就是从他身上开始的，不过也有同样多的火花是结合在产品里，在那里闪光。那么，当公司的火焰被人熄灭的时候，他身上的火花也就熄灭了。他也是那种感情总是非常强烈的人，有了新的发明就热情洋溢，当别人拒绝投资开发这种发明的时候，又垂头丧气甚至绝望。如果一个跟他干活的人在细节上粗心大意他也会暴跳如雷，这种情绪一会儿在他身上发作，一会儿表现在他一起成长的这个事业里。如果把这个事业从他身上分开，他就会流血。

26

我还"记得"他是怎么死的:他流血致死;流了还不到半个小时。但事实上,他的死是很痛苦的,也折磨了他很长时间。有很长时间他一直坐在那里不动,只凝视着自己的前面,嘴里好像喃喃自语又没有声音。母亲一直躲着父亲,最后完全不和他说话了。她也毫不掩饰,父亲的毁灭其实还让她很高兴,尽管这个家庭的日子也更加难过了。有时候父亲也站起来四处走动,关节好像都在吱吱作响,他是对那些把祖宗锁在里面的那些画像说话——"说话"是父亲用的词。有时候他会把身子凑到画像前面,好像是要听听那些死者的回答。直到有一天他自己也坐在椅子上死去了,最终身子还是坐得直直的。在我的日记里是这么写着:"一个灰色的句子在正中间就被打断了。"就好像一个人也总会被打断的。

一个灰色的句子,这是说在人们谈话中的一个句子,能填满分配给它的位置,又不会暴露说话的人是谁,也不告诉你说话的人知道什么或者已经不再感觉什么。这些房间里本应该逐渐充满了一种灰色的交谈气氛,围绕在这个被打断的淘金者身边。我肯定尝试过,把他也拖进我的复仇计划里。我们能一起复仇的话,那会是多么痛快的复仇啊!而他给我的回答,不可能是别的,而只是一个灰色的笑脸。

——"复仇这种艺术，还是跟你母亲去学吧——要是你能把她从那个冰一样的外壳里吸引出来，你就可以跟她学到不少。我还剩下的这点小小的灰色资本，在我这里，喏，就在我的胸膛里。这是不可以拿去换成什么军费金库里的金币的。"

破产这件事情，在一般意义上说，自然是我一点都记忆不起来的。不过，我身上有破产留下的创伤。这些创伤会帮助我阅读出这张剪报上黑白光点拼出的照片里有什么意思。在照片的边线外，还有一种会散布闲话的不安，一种对儿子的不安，担心儿子年纪已经足够大，要承受这种痛苦的时候会有什么作为。他们几乎想不到，**这是多么巨大，又多么剧烈的毒性**，所以不等儿子长大就立刻继承下来了。要是他们早想到了的话，那么早就会把儿子也给阉割了。等到现在可就太晚了。

我父亲当然也不是唯一的被人摧毁的企业家。不过，在一个更大的背景里看，更重要的是，杀鸡儆猴，有很多人就再也不敢投资，所以也不需要去摧毁他们了。那些人是会看风向的，会读出报纸上的信号。

现在你也许开始明白了，我的真正的复仇目标是对准了谁的。那可不仅仅是我上学时的仇敌，他们当然有理由感到不安；还有被人叫做"家庭"的整个经济政治的黑手党，他们也得小心了，也得担点惊受点怕了。就在我给你讲这些的时候，我也看到，在我不断增长的复仇计划里，那些线条可以告诉你，这是清楚得惊人的。

你已经听我说起过了，我可以回忆起那些给了我巨大羞辱的时刻。复仇之心会帮我一点忙。我也可以搞清楚我的仇敌有些什么价值观念，有什么目标——我们毕竟是为同样的市场服务的。相对来说，我倒难以记住一些比较平常的事情。比如说，我怎么能刮胡子刮得那么干净？我用手去摸我脸颊上刮过的地方，连一根胡子茬都摸不到。可是我这里面一面镜子都没有，只有墙壁上留了些一个矩形的痕迹，那里的油漆还没有褪色，可以照见一点影子。为什么？在我的周围，有那种很不吉利但又不可捉摸的迹象。最明显的是那些电脑前面的位子都空着。这个小单位本来应该有三到四个人值班，此外还有一个秘书。可我现在是孤零零一个人在这里，但那些电脑全都打开着。你能解释这是怎么回事情吗？船舱里那个床位还没有收拾好，还有一个女人睡过的痕迹，那个杯子的边缘上还有女人唇膏留下的印子，也不知道出于什么搞不清楚的原因，这些东西还不能碰，不可以收拾。这些都是另一种迹象，很明显有很长时间就是这个样子了，而同时我又敢肯定，从她上岸去买东西，也就刚过去了几个小时。

不过，时间是一种不能确定的质量。你难以决定，时间已经过去了一小时，还是过去了一年。有时候，过去肯定就存在于我们中间，而我们还不知道这其实是过去。那些忘记了过去的人，很可能把过去的生活又过了一遍，自己还没有觉察到。我是靠日历还有我的电脑来保持事情的秩序，但是它们却不是指向和我真正有关的时间和岁月，而是指向那些其他的时间和岁月。还有一种真正的对时间的计算在我的关节和肌肉里面紧张地进行着。让我们就把它叫做复仇的时间计算吧。某些事件**不得不**发生，**不得不**定时在这个地方那个地方——要不然就会不可忍受。你一定读过《基督山恩仇记》吧？不过你是不是已经忘记了这本小说是说什么的？你翻书的时候得小心一点：你瞧，这本书真的已经被我读烂了。而且我这里的书本来就不多。只有几本导航的小册子。还有几份实用经济学的手册。我可以给你一本上面还有作者题词的手册。要是我自己来评价的话，这本小手册还不错。我从里面学到不少东西，吃过午饭以后我还坐下来读过——就好像这个小手册原来不是我自己写的。你当然明白，就是作家也会得失忆症。所以说，这本手册你就拿着吧。

不过还是说说《基督山恩仇记》吧。基督山伯爵是个犯人，被囚禁在一个岛上。是他的仇敌把他发配到那里去的。他是终身监禁，再也别想离开这个监狱，但是他靠自己，把自己训练成一个力大无穷的魔术师，或者随便我们叫什么大师吧，反正是一个非常有影响力的人，能够通过象征性的操作就让仇敌的船覆没了。而时间的计算，对他来说不是用年月日，而是以复仇的不同阶段为单位。一个星期日，对他来说不算什么日历上印成红色的假日，而是当年折磨他的仇敌中某个人注定覆亡的日子。这天他身体里的那种紧张计算也有一瞬间停止了。尽管这种紧张很快就会照常进行下去——因为他是生活在一个故事里，这个故事既能记得它的开始，也在努力走向它的结局。他开始重新像狗一样嗅着剩下的仇敌的气味，肌肉又重新绷紧就像抽筋。这就是复仇的时间计算。

我注意到你那种谨慎防范小心观察的样子。你大概是在想，为什么眼前这个家伙要把这些强加到你这个陌生人头上？这里头牵扯了那么多私人的事情，不是对谁都可以随便说的。实际上，要把这些说出来对我自己也不是那么容易。但是有些事情出了问题。我的复仇有了根本性的错误，而我的笔记本和我的电脑都没法帮我找出错误在什么地方。一会儿我觉得我是用我的全部力量去打破一扇本来其实打开的门，过一会儿我又感觉到，复仇的代价实在是太高了，不合情理了。这个账已经算不清了。要是我不

31

能很快弄清楚错误在什么地方，整个复仇计划就可能全盘落空了。所以我需要你的协助。所以我要把你也摆到我的故事里来，即使这是花费很大的——现在我又不是什么谦卑的人了。要是看得远一点，对你开诚布公，也不会有什么坏处。失忆症最后也会让你什么都说不出来。我的不可告人的事情，在你这里比在牧师或者医生那里还要安全，尽管他们都有保密的义务而你没有。

我认为，对我们的谈话有什么结果，你的性别没有什么关系。此外，你的面貌那么不清楚，所以我也难以看得出你是不是一个我本来并不认识的什么人，或者是已经认识的什么人——我刚才也没办法，不得不帮你换掉那些湿透的衣服。算了，不说它了吧，反正我认为，性别是没什么意义的。

相反，我对你说的话，必须每个细节都是真实的，要不然我们就不会成功。当然，总有一两点不太确定，但任何事情都不可以造假。在这点上你看来有点怀疑。有关我在学校里受欺负的故事，还有我父亲的破产——这些事情一五一十从头到尾都是真实的吗？我也许只是揭示了一个神话传说，为的是解释我们今天不可理解的行为。也许在不公正的事情之前就有了复仇——要在过去找到一个受辱的事情来做借口，或者至少能做点说明。在这种情况下，为了搞清真相而做的所有努力也就全都毫无意义了。你也注意到了，我已经听到你要反驳我的声音。

　　但是，我身体里的紧张感，可以驳斥这些吹毛求疵的争辩。我胸膛正中的微微作痛的空虚，会记住我自己已经忘记的一切。

我讲的故事，有很多部分实际上可以用船上的资料来做文献记录。你再看看那张学校的集体照吧。在有一个打了勾的面孔旁边，你可以看到一个数字"1"。那就是一九八一年十月份的一天，复仇开始的记录。我们也许可以把它叫做测试。那个时候我还不满二十岁。这本战场日记里有那个日期。第一个复仇对象就是这个马提亚斯。或者更直接地说，是他的父亲艾利克·克尔维尔，我想你很可能认识他。我去把你的湿衣服晾起来的时候，就有一种感觉，你和他是有联系的。你不回答这个问题吗？随你便吧。不管怎么说吧，他的儿子是那些把我的生活变得不可忍受的人之一。他应该知道儿子在学校里欺负我的事情。我甚至相信，在我还把他儿子当朋友，到他们家去找他儿子的时候，他也用过一样的腔调对我说话，有点开玩笑的口气。当然，我要复仇的对象首先是他的儿子，不过，他们两个人的面孔会移到一起。

有一天，艾丽到我的学生宿舍来找我。在我的日记里她的名字起先几次出现时就是这样叫的，后来我才知道，这个奇怪的克尔维尔太太只用她名字的首字母做简称，签名的时候就愿意用一个字母"L"。我曾经对她暗暗地充满爱恋之心，可她对我说话的时候，我总是掉过头去不敢直视她的眼睛，还会满脸通红。而她现在就站在我的房间里。我还能看到眼前的这个场景。我吃惊得合不拢嘴，甚至忘记了关门，直到她的微笑引起我的注意，知道她是为了什么事情来的。

她把一大堆报纸清理到旁边，然后坐了下来。她该怎么说呢，她是来表示慰问的——她觉得她要跟我谈谈我父亲破产的事情。就我所知，她不光是教历史的老师，主要还是个经济学家。所以她可以看明白，那些人是用什么肮脏手段摧毁了我的父亲。不过，这个我自己早知道了。而她现在站在门外的楼梯上的时候，她感觉这件事就是一个她来看我的托辞。我是不是想过，应该把门反锁上，把我们反锁在里面更合适？

我的心跳个不停，所以也难以把门锁好。我仰慕这个女人已经好几年了。但是她坚不可摧高不可攀；美丽、自信而且有一种高贵气质，只要稍稍扬起眉毛，就能让一个想入非非的暴徒止步不前。同时呢，她的笑容里又有一种出人意料的脆弱性，她的动作也有点紧张。就好像在她的皮肤下面吸进了一群蚊子，一群一会儿移动到这里一会儿移动到那里的蚊子，好像既安分同时又不安分。我早就痴心妄想着抚摸她的脊背，要那么轻轻地抚摸，以至于她那么高度敏感的人都不会觉察到。而此刻她就在我的大学生宿舍的小小的单间里走动，摘着那些干枯的菊花的叶子，试试坐在我的黑皮面的扶手椅上，手指还滑过我那个留声机盖子上的灰尘。然后她转过身来对我说：

——"你不想脱掉我的衣服吗？这不是你盼望了很久的吗，对不对？"

这些话就记在我的日记里，不过也还是用了非常吃惊的笔迹。后面又跟着一行，只有一个词："无话可说"。

没错啊，我当然太激动了，所以找不出话来了。而且恰当地说吧，我其实还是一个笨手笨脚的情人。也许她帮了我的忙，要是这种情况，她也没有露出一丝羞辱你的母亲一样的微笑。

"我知道，这是你的头一次。"

真是第一次吗？

我肯定是梦过这个梦很多次了，想过在每个时刻我应该说些什么。而现在一切都超越在对话之上。你无法用言语表达了，是的，每个动作都摆脱了意义，就是动作本身而已，没有别的。我们把自己越来越深地写进了对方的身体，但每声叹息每次触摸都不需要有什么含义。我越来越不是我自己了。直到我只是一个无声的叫喊。

但是在日记里，这个地方还写着什么别的字：背叛。就在这个字后面，在引号里面写着："我们的共同记忆"——这显然是引了她说过的话。而再后面加了些模糊不清的字：找不到孩子们。她永远不原谅他。这段笔记最后是这样结束的：报仇。你可以看到，这个字也是这一段日记的标题。

不仅如此，她来看我也有别的意义。我这些污迹斑斑的床单现在能告诉你的并不是真正的事情。我们在对方身体里的动作，也是要损伤一个她一直在想着的人。我们在对方的身体里写下的东西，实际是给一个第三者看的。

这样把事情看透看穿，其实也是很刺伤人的。但不管怎么样我也理解她。她的目的也是复仇，而对复仇的概念本身却根本一无所知。但是引用的那句话说明，她实际上要说的是"失忆症"。报仇只不过是一种断然的推论。

那么"背叛"是什么意思？你的直接反应是说，她丈夫自己肯定有什么故事，而且时间已经很久了，是和另外一个女人。但这种看法站不住脚。背叛明显是涉及到后面的"我们的共同记忆"。是以什么方式,克尔维尔会触犯了这种记忆?不过,这也是明摆的事情!这种失忆症已经流行世界,是我们这个时代的精神瘟疫,这种失忆现在就在我们的生活之中困扰我们,就在一次谈话之中,就在一次性交之中,而她的意思是说,这样的失忆是需要用一切手段去对抗的——而艾利克得到了任务去调查这种失忆。克利夫肯定是需要得到一个务实的调查结果。会不会是那两个亲信都出于政治原因而利用了这种破坏性的入侵?把大门稍微打开一点点,为的是得到盈利?在她的眼睛里,**那**是绝对不可原谅的。

她的愤怒是和蔑视混杂在一起的。这样的背叛不仅是一件肮脏的事情。这是一种表达。艾利克太软弱了。他是那种会受引诱而做出背叛的事情的人。

"L"的名字最初并没有出现在复仇计划里的,所以不可能提供更多清晰的信息。这肯定是她瞥见了一点以后才猜想到的,就好像从某人肩膀上的一根金发或者在某个晚上接听一个电话的时候听到另一端咔嗒一声挂断的时候能得出的结论。

"找不到孩子们"——这些话的意思现在就比较清楚了,如果是今天说出来的话,就是完全可以理解的。不过，放回到八十年代初那个时候，在那个时候说出来，好像就含糊不清。失忆症居然早就存在，还能够持续那么长的时间，以至于人们在那种不断变大的白色中开始忘掉自己最亲近的人。她已经失去了她的两个男孩子——或者是一个男孩一个女孩？——而且还知道一个至少要承担部分罪责的人。而他其实也失去了这些孩子，这一点不会在任何程度上减少她的痛苦。现在她要伤害艾利克，只要她能伤害到的地方她就要去伤害。而我也要去伤害他，正好和她一样，不谋而合。因此，我们就回到了那个她说那句话的时刻：

——"你不想脱掉我的衣服吗？"而她已经不再是你朝思暮想又不敢抚摸的那个极度敏感的女人了。她成了一个美狄亚，她的情感状态就是一种疯狂的形式。是的，她当然还帮了我的忙，虽然我也不是那种没做爱经验的毛孩子，但是我的犹疑不决在于和一个阴道这么突然的密切关联。是在她往另一个方向攻击对象的地址变得清晰起来的时候，我才敢欢迎这种恣意妄为也毫无顾忌的感官刺激——也是让我自己进入自己的痛苦中。她放在我两腿间的手其实是一个复仇者，她沿着我的脊背摩擦过去的腿其实是在为了复仇射门。而所有这些突然都变得亲切起来了。我的嘴唇朝她的脖子贴近，因为充满报复的欲望坚硬起来。我的揉搓着她屁股的手，也因为"终于出了口气"而颤抖。这是一种特殊的甜蜜，一种无可比拟的快感，一种肉欲和复仇感的残酷配合，把我们所在的房间变成了一个充满悖论的造物。我想，我在什么地方读到过，在印度，一对做爱的男女在性交过程中就会构成他们孩子的形状，阴道和阴茎的试验动作就会构成孩子的模样特点和个性。一会儿在孩子身上的这个地方抽掉一点特性，一会儿在孩子的那个眼睛周围添加一点神采，直到两个人在一声叫喊中认出了自己的梦想。我们正是用这种方式构成了我们复仇的形式。我们正是用这种方式，在缓慢的造型动作里，在不断调整的姿势里，创造出了那个我们的痛苦共同涉及到的那个人的被打击得粉碎的面孔。直到这副图像变得无比清晰，而且再也不能消除。

现在我也知道"无话可说"是什么意思了。享受感是在于我们知道什么，而不是在于我们感觉什么。就好像在性器官和皮肤里最敏感部分的神经也被切断了。我们持续不断地做爱，做了又做：而我注意到，她达不到高潮。这次性爱，本来应该是我对性欲的最大一次体验，可是做起来就好像我从来没有真的投入。无话可说。有些我不能控制的事情，好像就是从这里开始的。

很有可能是在"L"离开之后，我才在这张学校集体照上克尔维尔的儿子的头边上做了一个标记。确实可能发生这样的情况，儿子们犯的罪会找到他们父亲的头上来。同时呢：这次偷情事件，我那个班上的老同学们很快都会听到消息的——这要给他带来莫大的羞辱。我在日记里写下了一两个俄语词，那是我学会的不多的俄语词里最粗鲁的，也是我在这种语言里可以找到的最损人最侮辱人的方式：我操了你妈。

这也是我打了勾的第一个人，一张在那个时候就已经变得完全空白的脸。在这个白斑点下面的名字已经完全没有内涵意义了。但是空白也可以在照片之外找到。就好像我自己也丢失了什么东西，但是又无法指出那是什么。

过去我是不知道的，现在在我们谈话中，我才认识到这次有前导作用的复仇，其实只是一次象征性的举动，如此而已，也是一次什么都不能针对的调动。失忆症已经持续太久了——无论如何，L失去了和她的孩子们的联系。我的同班同学也从来不会知道什么。问题是连克尔维尔也不会理解他实际上受了什么样的侮辱。这实际上是一次未遂的复仇。不过，就好像我不管怎么说也——

和一个仇敌有关的人有什么性关系，到底会发生什么事情。一个本来陌生的人，突然间站到了你的生活中心。有什么步骤，有什么词语或者行动，会给这张本来和你无关的面孔一种突然的亲切感，使这张脸所具有的特征也被痛苦和厌恶感扭曲。会在一个人的生活中有一个举足轻重的位置？事实上，带着最初的麻痹中的一种自豪的因素，是我给他提供了主动性：不管怎么说是在有点恐惧的状态里他在我们之间布置了一条界线，是他的弱点，决定了我自己在什么地方可以越界。不过也正是他招惹我，才让我激动起来，从脸上的灼热和嘴里的干燥一直到对敌人值得攻击的阵地部署火力。我让我自己根据和敌人发生的性关系而重新下了定义！也就是在我为了这次进攻而搜刮尽了我自己的资源的时候，我注意到了他也在场。我拥有的资产的货币价值已经改变了：对手的货币影响到了我的货币。

至今为止，还没有什么是暧昧不清的。麻烦的问题是从什么地方取得这次军事上强调的兵力集中的能源。我自己是看不见的。我甚至都不能看清在我的企业的重要性和所要求的价格之间有什么逻辑关系。我的复仇行动最初的闪现是比较一般的。我的仇敌也许都没有觉察到发生了什么影响到他们的事情。不过，好像无论如何还是要求我付出一大笔献金。你会不会被迫为一场小冲突就谨慎地付出高昂代价，以致被攻击的人也就不战而过了？要是这样的话，对这个计划的全部安排还有什么要求不能提出呢？那就更不用实际的突击行动了。在这种情况下，你的资金是从哪里取得的呢？还是那种老办法吗，跟我算账就割我背上一磅肉？我担心这都是有关一笔可观的更高的代价，是我连用眼睛看一眼都不敢的。

有关这个晚上我在日记里写了几行，写的是所有事情里我最害怕的事：我自己的什么部分都丢失了，而我自己还没有意识到。有人说，一个麻风病人可能丢了鼻子，或者一两个手指，还不觉得痛。我会不会在路上丢掉了我身体的什么大的部分，还没有注意到我已经丢了东西？我最近的性经验应该是至今为止我碰到的最大的事情了，不过无论是嘴唇和包皮经历的事情都没有达到我的内心里。最可怕的是：这些我都无所谓。到底出了什么事情啊？

你也知道，每个人其实都在打造自己的地狱。我有一种感觉，我们在学校里上的不同的课，出发点都是教你找到你自己在地狱里能站住脚的平台，这个平台最后就是你的身份。也许我从我日记本里的这几行字，已经开始料到我将来要下的地狱会是什么样子了。

一种你已经失去了把握力的感觉，却能在你的身体里像鬼魂一样纠缠你，这真是奇妙的事情。就好像麻风病人丢失的指头，吃惊地记录下了冷和痛苦的感觉。那张一直没有整理好的床铺，肯定经常在我身上唤起一种死后才感

43

到的悲痛。我记得，你来之前那会儿，我还想把那条羽绒被整理好，可是被一种以情感风暴的形式出现的空虚感阻止住了。自然啦，说明这张乱糟糟的床铺在我的生活里有非常非常重要的意义——不过，我又不能搞清楚是什么意义。至少靠我自己是搞不清楚的。不过现在我知道得比刚才多了一点。这肯定都是和 L 有关系的。要不然，这件事不会在我讲到我和她第一次会面的那个瞬间，第一次皮肤接触皮肤的时刻，就一下子开始变得栩栩如生了。那我就不会有现在这么强烈的失落感。或者我应该说，失落了感觉到失落的能力？

译注：

　　美狄亚（Medea）为古希腊神话中的女巫，著名悲剧人物，因丈夫变心而杀死双方的孩子报复。艾利克·克尔维尔为本长篇系列第一部《失忆》中的主角。

我注意到你一次又一次窥探那边镶了镜框的照片。你认出他来了——就这一点也说明你不是我们的人。而你一定感到奇怪，一个资本家和社会民主党的首相他妈的会有什么关系。你感到奇怪是很正当的。我大概是我这个圈子里唯一的有克利夫照片的人，还配了镜框。此外这还是我自己拍的业余摄影照片呢——你可以看到我的影子落在那条划艇上，而站在桨边上的克利夫正对着我和我身后的夕阳眯缝着眼睛看着。船头上冒出了一支双筒猎枪的枪筒。我们显然是到外面去打鸟。他因为划桨而更有力地呼呼喘气；连照片都因为玻璃后面凝结的水汽而卷曲了。这张照片里有一种正期待着什么的紧张气氛，期待一个可能是历史性的决定。

　　这张照片里有一个故事，好像故事本身就想从这稠密的黑白模式里钻出来。要是我们一起来检查这张照片，我想我们可以重建当时的场景，就能明白为什么我会和瑞典最遭人仇恨的人出去打猎。我是坐在船尾的，大腿上也一定横放着一支双筒猎枪。我在想，他为什么把我召来，这样非正式地会面。一个首相有更重要更急迫的事情要做，而不是和一个还很稚嫩很不成熟的资本家出去划船打鸟，就算这个资本家很机敏也罢。

你可以看得出来，这个星期六的下午，围绕克利夫的气氛是多么松懈散漫。这是一个很有危险的现实，什么事情都可能发生，什么事情你都无法预料。湖岸和树林子隐隐约约，能看到的其实不过是一片片芦苇和发黄的叶子的闪光；不会有什么内容能从这里沉淀出来。能确定的好像只有一点，就是说这种模糊不清不仅意味着不受限制无边无际的可能性，也是一种悬在半空的威胁。我们真的是出来打鸟的吗？就好像这支枪悲惨地做好了准备，不是为了在这个信号的网络里冲天而起的野鸭群，而是为了其他完全不同的但随时可能发生的事情，这种事情发生得太快了，所以人类的感官已经无法理解，不过，同时它们对我们继续生存又是至关重要的。

我自己对于这个网络是非常信赖的。我每天的活动都是在这个网络里，忙于在全球转移信息和价值评估，可以说没年没月，没有这方面的区别。不过，对于这个网络到底要什么，我几乎一无所知。我全力以赴地想教会我自己去理解这个网络是怎么思考的。尽管如此，我还是害怕市场的真实意图会溜过了我的耳朵，没让我听见。

人们常说，世界变得碎片化了。而我认为，人们不常想到的是，我们躲避一种威胁的可能性会有什么意义。我可以很容易理解在**这一小片**意识里的危险的现象，同时我的注意力又集中在另一种现象上。我们的精神生活的碎片并不比我们迷失方向的四肢配合得更好。刚才我还在找一把小刀。你也看到了，我翻箱倒柜地找，拉开了所有的抽屉，打开了所有的柜子。等我累得弯下腰，撑着厨房的灶台休息的时候，却发现刀片就压在我的手下。刀子其实一直就在我的眼前，可是处在一个寻找机体没有联系到的视野里面，直到刀锋压到我的手指我才发现。我可以想象，在我们叫做现实的空间里，我们其实也是这么活动的。我还相信，我们对时间的把握也是这样的。刚才发生的事情还是完全能看见的，昨天发生的事情你就再也看不见摸不着了，而去年发生的事情也许会在我们眼前重现，但我们却不能把它标记为过去，或者都不能把它和现在区分开；那是有什么东西要求得到重复，再来一遍，又不失掉它的重复的特性。我也许能观察到什么事正在发生，但又不能洞察到。同时，我试图躲避的事情，也许已经发生了。要不是我有很灵敏的狗鼻子一样的嗅觉，我就完全无能为力了。我可能也不知道，这鼻子选择了什么——以及不选择什么——要把它闻出来。不过，无论如何我总算还有这么一个灵敏的鼻子，而且我还有复仇的年历，它们能帮我的忙，让我在这个混沌世界里保持我的步骤，虽然在这个混沌世界里日子和事件都是光怪陆离一闪而过。

克利夫默默地划桨划了很久。然后他突然出人意料地破口大骂。我他妈的就不该管 L 的事，他说。这故事就让克尔维尔完蛋了。克尔维尔是克利夫最老的朋友之一。我可要管好我自己的。

是为了教训教训我，所以他才请我跟他出来，到这里跟他划船打鸟吗？那么克尔维尔呢？这家伙不是已经出局了吗？

他怀疑地盯着我，我是真的不明白他要我做什么吗？当然这和克尔维尔什么关系都没有。不过，那个可怜虫的命运还是影响到了他。

克利夫眯缝着眼睛，朝着我不信任地看了几秒钟。然后就不用开场白而直入正题，邀请我出任国务院的经济资政，就是专门为他这个首相工作的特别顾问。这真是不可思议的。为什么我要对这么一个权势显赫的位置感兴趣？

48

工商界和社会民主党之间的合作，确实至关重要，但应该是非常谨慎小心的。它应该在一个结构性的层面，不要在什么个人性的栏目里做广告。要是克利夫都不知道这个，那还要谁应该知道？可是他现在明显落在一个非常危急的境地，所以他也就不顾什么游戏的潜规则了。此外，他也许料想我是这个游戏的局外人。

没错啊，大家都认为我是金融界的一个神童，不过，让他感兴趣的肯定不是我有什么点石成金的手艺。他听说了我直觉灵敏，看问题头脑清晰，还有例证说明我实际上能理解事情的前后关联，在别人都没有看到之前我就能指出来了。他要知道我看见了什么，他要知道，在眼下围绕我们的过热的让你眼花缭乱的经济里，我能看出什么样的发展结构和路线。他要提早知道，不等到别人来发现这里面的问题。

那么为什么我就会同意站出来，为他这个政治的当权者当顾问呢？我的反对当然是一种修辞方法而已。我们两人私下会面的意义，在于这样一种家庭内部的换位，不会意味着什么对忠诚的出卖。这都是面子问题。他知道我其实也是知道这一点的。

克利夫显然笑起来了，不过因为水面上反射的光线的缘故，他脸上的表情又难让人理解。他让我讲了我们家深受耻辱的破产——有很多人是我们都认识的。所以他心里也想到了，我是要做什么——也许就叫做复仇吧？

我可以感觉到自己变得面红耳赤，红到了耳朵根。看来克利夫能看透我的内心。可是过了几秒钟之后，我发现他的目光其实是落在我的后面的。他甚至都不能分辨出我是谁。那不过是一种碰运气。我们谈的不是同一种复仇。

我有意拖延时间不做回答。我确实有一定能力，能预见到将要在经济领域发生的事情，这是一回事。他是不是有耐心听完我的经济预报，那是另一回事。他能否做好准备，接受一幅事实上充满威胁的图景？

克利夫的目光好像一个被打碎的瓶子的瓶颈。他弯下腰来，用很轻的声音对我说话，就像是怕有人在偷听我们的谈话。即使我不接受这个职位，他是否也能相信我会保守机密？他注意到我对这个问题感到很恼火，这倒让他放心了。我们其实也不那么不同，尽管他是用一个政治家的方式来全面地看问题，在他的意识形态的观点里更加如鱼得水，但是却没有能力看到自己脚底下的玻璃碎片。

于是他就开始讲他自己的事情，起初还有点犹豫。他讲到最近折磨他的麻烦，耳边总能听到冰层开裂的声音。就好像巨大的裂缝横穿过了福利制度的大厦，整个瑞典的现实都面对着崩溃的威胁。总有什么要完蛋了，但是他想不出来错误在哪里。他不管我有什么背景，有什么观点。他需要的就是我的灵敏感官，我的狗鼻子一样的嗅觉。总工会的经济专家只能看见付他们钱才看到的东西，此外也不是为他跑腿办事的。他自己的专门顾问只想办法炮制他们希望他要读的那些判断。顺便说起来，在内阁圈子里也没有人愿意听你谈到什么充满威胁的信号。而同时呢，他听见裂缝变得越来越长，越来越深了。

——"他妈的，看在魔鬼份上，我需要你的感官！"

可我不知道我们是否谈的是一码事。对我有什么看法其实他根本不在乎，当然如此。不过我对他的看法却不能不在乎。是他，或者更准确地说，是他的党，早已和大的垄断资本结成了美丽的联盟，在那么长的时间里联手把我为之奋斗的小企业压制下去了。他以为他知道我要复仇。可是他会以为我的复仇是对准谁的呢？

克利夫靠在桨上休息，眼睛怒视前方。于是他突然变得疲倦起来。我们就不能放弃这种前哨战吗？我们两个人其实都知道，整个体制——他说的"体制"的意思就是他的党、工会和垄断资本在自说自话中结成的联盟——现在这个体制得了严重的动脉硬化症。我们把我们的福利制度建立在邪恶的合作的基础上。现在巨大的裂缝正在穿越他们的整个的光荣业绩。他必须知道这一点。

我也茫然不知所措了。他不仅拒绝让我分担强加在他头上的盲目和耳聋，很明显，他也做好了准备，要为改变了条件做出调整——还要想办法带上他的生长过大的整个事业。就和另一个小规模的企业主一样。他挥动着手。无论如何，要紧的还是第一个到达未来。要是该我们来布置这个将来的话就得比别人先到。不过，他可确实吃不消一个错误的预报了。

我立刻明白了，克利夫是处在一个多么危险的境地，生命都受到了威胁。我们现在去摸索的现实图景，我们寻找的必要对策，是这个"家庭"永远不能接受的。历史不是已经到达了最好的目标吗？任何往另一个方向的信息都是叛变。克利夫怎么能够把整个吱吱作响的结构带到一个更加可能变化的未来中去呢？

不过，也许有一个少点挑战性的方法。

那么 L 呢？我试着推托。有她做顾问还不够吗？

没错，L 当然足够聪明，也敢正视问题，不过她没有我的灵敏，我的出于直觉的快捷。除此之外，她也许愿意拯救他，以他的任务和使命为代价。而他毕竟还有一条路在等着他。

克利夫表达自己意见的方式是很独特的。就好像他生活在一个传奇故事里，在那个故事里路径和目标都是早已经设定好的。只不过人们看不见是谁在讲述他的故事。但是那个看不见的说书的女人现在又朝我伸出手来，还愿意奉送我这个传奇故事的整个更正版本，让我平反。所以，我的仇敌都会害怕这个新的顾问！

克利夫突然紧张严肃起来的目光，强迫我退回到他的问题里去。我必须争取时间。我也需要有保护自己的空间——或者就接受下来。我要求给我半年时间，这样才来得及清理我手边正在做的事情，让那些最初开创我这个公司的人忘掉我本来是代表什么的。他犹豫不决。在眼下这个时候，半年时间可是太长了，没有道理。

不过他自然也明白，我不可能一边做社会民主党首相的顾问，一边又继续当资本家企业家，况且是在一个招人恨的小企业部门。他做了一个鬼脸，同意了我要求的缓冲时间。他可是不喜欢有人提反对意见的，更讨厌自己不得不屈服。

可是，我同时也不得不停止我私人的战争。现在要对付的可是大得多的结构了。而且我也不能被人怀疑，在这件事里还有我个人的兴趣。就这些我们说好了，怎么样？

也就是说，平反了。但是，实际的复仇现在埋葬在这个岛上我家那条老狗的旁边了，随便它叫什么名字吧。

然后就加上了一个神秘的补充附录。顺便说吧，对那个实际的复仇，你其实也付不起代价。他是什么意思？他看到的东西，不管怎么样，现在充满了我的生活，而我又无法去把握它。就是围绕着我们的那些非常精密的仪器也不能提示我，对我的要求到底是什么。

——"你看到的到底是什么？"我问他。

他笑了，带点又恼火又疲于回答的样子。

——"我看见了市场。市场无所不在，无所不能。是它为我们铺好了思想的轨道，是它要调控我们心跳的频率和肌肉的张力。是它持续不断在为这里沿岸的那些枯黄的树叶堆设定新的价格，也为我在政治领域获得成功的前景设定新的价格。我能听见不停顿地变动着的挂牌定价的沙沙声响。我能听见不间断地报价争购的咕咕哝哝的声音。我是这个市场里被终身监禁的囚犯，在监狱范围里还可以自由自在，但是每个动作都要服从它的条件。我当然也抵抗过，也许我还能让这些条件稍微宽松一点，也许我甚至还能把我们从危险的境地里赎买出来，但是我从来不能逃脱出这个讨厌的商场。然后呢，我显然还可以坐在这里划我的船。我们都有我们自己的小地狱。我也不必问你的地狱是什么。不过，你真的不能想象，你还可以自由构建在前面等着你的事情。或者说，你还不必付出代价。"

是啊，那就是我个人对这张照片的解释，对不对当然还是可以讨论的。毫不含糊的是，克利夫突然看上去变成了一只羽毛耸立的苍鹭。

——"为什么我们这个时代完蛋了呢？"

他停下了木浆，目光落在我身后很远的地方。他是我曾经见过的最孤独的人。我真的不可能分担别人对他的仇恨。水滴从举起来的木浆上滴落，而我们的船在水上打转转了半圈。

不过半年，他就躺在大街上的血泊里了，身上被人捅了上百刀。

克利夫烈士般的死亡，看来明显抹掉了所有充满威胁的迹象。根据我这里的笔记，他死后那些日子福利社会的梦想又得到了选民们的背书和顺风推动，虽然瑞典的经济就形式上看还在抱怨这种风向，但出现了"前所未有"的繁荣景象——这个暧昧不清的词当然是加了引号的。就我收集的数据也能表明，真实的情况完全是另一回事情。我们生活在这出大戏的提出挑战的一幕，在这一幕里人人都在赞美我们配得上的幸福。我肯定是能明白命运如何像巨兽耸立起来居高临下恐吓我们的很少的人之一。你等一下。就是它。这本日记里有一小段是我警告两个比较近的朋友，要他们提防我能在鼻子粘膜里感觉到的那种威胁。他们的反应是迷惑不解的怪笑和摇头，不敢确定是我在开玩笑，还是我失去了闻气味的能力。

复仇的时候越来越近了。不过，你也一定会明白，这个复仇大业要求非常周到的侦察，小心地步步推进。为了让你看看我搞侦察的条件，我可以给你讲讲八十年代末我在这里的一座大房子里安排的一次大宴会，在那排栗子树后面你还能看到那个大房子。为什么过了那么多年还能记得住这件事情呢，是因为这张折叠起来的脏兮兮的请帖，但还能看清日期和地点。被邀请的人的姓名你还能分辨出一部分：托马斯……罗默。你大概还记得，前面这个名字是杀害我父亲的一个刽子手的名字——这张请帖本来就是一个陷阱。除此之外，我还有从一个客人签到簿上撕下来的这几页纸。这里面呢，污秽的东西更多是在我这些仇敌表现的友好里，在这些下流猥亵的插图里。这些插图是带着讽刺意味来表示婉转的感谢的，但同时也重新创造了一个暧昧不清的夜晚。最后，我这里面的环境本身也能让围绕这个宴会的框架呼之欲出。这个船舱有一个兄弟对那个栗子树林后面的房子的良好记忆。我带到这里来的那些东西，几只酒杯，两只蜡烛台，还有一些餐具刀叉等待，他们保留了对岸上那个房子里那些房间的可贵知识。

　　留在这里的几件不同的东西，能让一幅宽广的有伦勃朗风格的油画画布出现在我脑海里。没错，这只酒杯里就有荷兰的光泽，能创造那样的气氛。而这条船上高贵木饰的闪光也能唤起一张长长的桃花心木餐桌的暖色，餐桌之大好像可以随便你安排多少客人。有些我在父亲破产时抢救下来的银制餐具，它们就在客人之间闪现。这里有被阳光晒黑的资本家，有穿戴得花枝招展珠光宝气的女宾，大都是中年，在他们每个人的身后，簇拥着他们已经死去的父母，或者不管怎么说不死也已经不在场的祖先，而你还能勉勉强强地看到，这些父辈虽然大都已经被抹掉了，反过来还在努力把他们的舌头也挤进后代说的话里。但是，那些活着的人同时正在制造一场更大的骚动，他们还想钻到别人的身体里去。一个人的手在小心地摸索另一个人的心脏，而另一个人的不信任也正在试图窥探前一个人的策略。这里是那么拥挤，以致送菜的仆人们都难以把饭菜端上前来。

对我来说，这个夜晚是唯一的一次神经紧张的探查。那些在学校里欺负过我的家伙当然都到场了，还有把我父亲置于死地的那些刽子手。而他们全都忘记了，这世上到底还有什么东西是该忘记的。他们已经采取了所有的小心翼翼的安全措施，就是没有用上那些唯一有必要的。那些在这里外面的风景里陷于困境的人，那时还没有一个能预料得到他们会有这一天。

所有宾客都是来自工商界的。这里没有什么红色内阁的大员，没有总工会的头面人物，没有一个名义上管理社会的各部门的要人。没有任何来自那个方面的人愿意让自己——或者说让我们自己——用这种方式受到牵累。**他们的出场必须是谨慎小心的**，不过也完全清楚的，能在这个人群里散播赤字，能在谈话中突然就让股票大跌。你能感觉到一种声气相投的系统，目的是防止有敌意的公司来套购你的股票，接管你的企业。这种明显的气氛几乎可以拼写出一个词：市场。每个人把自己眼睛的焦距调好，就可以分辨这个精细编制的网络，在这个网络里资本和劳动力的功能互动；这当然不涉及到什么人，而是在谈话中的位置，这个"家庭"里那些临时的成员要坐下来，把话都塞进嘴里。属于个人的表演空间有多么小，这可以从客人签到簿的名字里看出来——这些名字看起来都一样，好像是同一个人的手笔。

不过，现在这个"家庭"，或者至少可以说像外交使团一样选择出来的"家庭"成员，就可以在我的餐桌边坐下来了。有些椅子是空的，但是酒杯还是斟满了，是为那些缺席之中又在场的人斟满的。在海伦的左边是首相的空椅子。他的红色的缺席，并没有阻碍一种活跃的但也有点发木的谈话。虽然他是不太可能发表一个答谢词了。也许他事实上还会明白，荣誉的位置，并不在她的旁边。

真正的女主人其实是另外一个，一个已经被人敬为克利夫的非正式顾问的女人，但首先因为有一点精神紧张的光彩而引人注意，这种光彩能让她周围的男人既感到着迷而又有些不安。对于我来说，这个夜晚是一个小小的宇宙在围绕着 L 旋转。我爱她已经非止一日，但是这个晚上我就像堕入爱河般神魂颠倒。这连我自己也感到吃惊。我不认为我是那种情种，有强烈的情感，即使我这个人他妈的是很记仇的。现在早已经不是了。爱，没错，不过意思就和尊重有严格条款的长期合同也一回事。通常，我可能会爱人就好像我不曾爱过人一样：就那种感觉和它的名字的关系来说可以推迟半秒，就好像你打一个越洋电话，在你说出话的瞬间之后还能听到自己的声音。这次可不是一回事了。我感觉有一点冷，也难于坐得安稳，嘴唇就像裂了缝的木头。就好像有片刻时间抓住了我自己。

这种奇怪的爱的效应和这个晚上，我把握方向的其他路线其实是冲突的。我告诉过你了，这个宴会对我来说是一次探查。我要搞清楚的是我的敌人在这个"家庭"范围里的行情，特别是那些还没成形的行情，所以能把他们引诱得更加远一点。

这幅图画就变宽了，也就失去了它的中心。餐桌现在明显变得长多了，客人的数量也翻了几倍。我们处在经济如花盛开的繁荣中间，一切都如枝叶在生长，甚至连蚊子都变大了。收缩着的墙壁后退得越来越远，水晶吊灯的闪光消失在孤独的六月的星辰之间：欧洲的大部分现在肯定都能容纳在这幅图画里了。我们在一个大餐厅里互相隔着很远地碰杯，餐厅里还有遥远的流水潺潺的声响，闪烁着欧洲那些大都市的灯火，还有散布流言的卫星的星光。重要的是在这个坐标系里确定我的仇敌的确切方位。

这个宽广的经济空间现在已经成了我们生命之室，我们的工作之田，很少再有人愿意在这里只做鸡毛蒜皮的小生意，比如锯木屑做的压缩板或者滚珠轴承。这是什么都可能发生的年代，你可以从虚无中创造出价值。就好像失忆把经济法则都储藏到了阁楼里，然后为我们的创造性提供了自由的表演空间。用货币政策的角度看，一个苹果不是向下掉而是可以向上掉的，而在控制室里赢利是在生意开始之前就毫无麻烦地能赚到手的。资本的老掉牙的见解就是说什么都可以卖给其实什么都不需要的人——从邻居的耕地到冰冻的灵魂——这种见解到了我们这个时代就更加成熟了。我有一种确切的感觉，就连抽象的东西现在也都有一种意义重大的销售价值了。可能性，不确定性，说服力——这些现在都是可以标价的。你可以为一个思想时必要的概念申请专利，防止其他人也想到，又不用付你一分钱。风险就变成了硬通货，债务可以算成你的资产，某个死胡同也可以当作免税品出售。人们带着觉得好玩但可以理解和宽容的眼光来看待那些通常的生产商品拿薪水的苦工：真正的生意不是靠苦力而是靠符号和象征啊。

但是，巨大的提升肯定是随着一切都能抵押的见解才到来的。当人们终于发现，你只要有房地产的一小片也足以当作借债的安全保障的时候，那么你就离虚拟财产也可以典当只有一步之遥了。然后人们就可以把旁人的可能性也拿来当作经济担保，为了最终让当票落在你还没出生的后代手里，而这也全都是为了购买新的虚构价值提供资金，这种价值反过来可以在一次更加快速的转手买卖中又当作抵押出售。经过一两个星期，一大笔称心可观的财富就会集中到少数几个人的手里了。

此时此刻，要是她能把脸转过来对着我，要是她能用一个手指来摸我的僵硬的嘴唇，我宁可放弃我拥有的全部财富。还能点燃一个火花，照亮我的头颅。为什么我从来没有放弃有一个来生的梦想？

但是 L 太专注于一个三人之间的交谈了。

我的晚宴其实是一种工具，用来研究八十年代最明显的大赢家。有一个刚当上保险公司总裁的家伙，他本来是从一家很小的难以经营的木材业跨到不断扩张的"安全与赌博"公司来的，现在用他的创业故事来给大家取乐，说他现在每小时都要从口袋里倒出不知多少亿克朗，才能躲避开滚滚而来越来越多的钱流。当他举着酒杯站在那里介绍自己的炒股经验，嘴边还留着说话的唾沫时，可能只有我一个人注意到了他的内衣内裤里已经散发出了最初的也是很微弱的那种就要失败的臭味。尽管如此，他这个行业的增长速度还是在被银行超越。我听见银行业的发言人，也是我刚才还一起碰过杯的，说他已经把更多自主权下放给底下的部门主管，还让他们可以随着发放贷款的增加而拿到更多的奖金。就是这些年里，你可以在人行道上随便拦住什么人，给他的口袋里塞满钞票，然后换回一个非法的签名。银行让金库里装满空气，还要建筑配备更多金库的新的办公楼，为的是装满更多空气。所有热门的生意都可以在几分钟里拍板敲定，过了几小时就又被人忘掉。但是这里有一个人，不会忘记举着酒杯的银行巨头。

能大规模地考虑问题，也能大规模地爱和恨——这就能把工业巨头和政治家联合起来。他们中间没有人能把眼睛的焦距设定在细节上：面孔、会议、半开的门等等。而他们也不想只看细节：只有宏观层面的东西才是重要的。

63

要紧的是能把他们的旧概念在世界地图上扩展开，然后根据赢利的考虑做一些边缘的调整。而从经验中吸取教训，投入完全没用过的知识，从新的条件出发去激进地更新经济活动——这种小打小闹的企业概念在失忆的年代里是可以休矣了，只能用来擦屁股。毕竟每一种新发明都会给人对世界的掌握带来危险。

在这个变得越来越大的餐厅里，在我们之间变得越来越大的距离中间，不时出现祈祷的动作，给我们的金融操作提供意义，特别是在有人以道德的名义制定什么公司切割方式或者个人的了结。我相信，在这个时代，商业伦理不过是强加在人头上的兴趣，而且用这个题目召开的周末研讨会接二连三。同时呢，人们对原则的运用也自然要做出一定的限制；那个最急切的研讨会参加者——他就是那个一直把人们想从嘴里吐出来的引用《圣经》的话给塞回去的家伙——他当然是非常实际的，所以要让股东出钱重修一座历史悠久的庄园，然后只用一笔特别强调是象征性的价格卖给他。

L像是示威一样把背转过来对着他。他就变得有点心神不安了，不过看起来还不明白是为什么。他更没有看到我注意他的目光。

你是不是觉得，我是不分青红皂白，用同一把梳子把所有人都梳理了一遍？这可不是我的本意。我当然明白在这个无忧无虑的上流社会里有不同层次。我不考虑那些只从财富的角度看能在这里算得上的散乱层次：比如宫廷里的弄臣，他们的钱都马马虎虎洗都洗得不干净，闻着还有臭袜子的气味。他们甚至都不能在这里现身。相反，能让人听见的是那些很会自夸很会吹牛的平头百姓，他们只稍微高出一点点；还有那些最近才有了点名声有了点影响的人，会把泡沫一样的良好自我感觉散布得到处都是，就像一瓶被砍了脑袋的香槟王唐培里侬。吹牛自夸其实本身也是一种对话，比如用特别的声调来说出美妙的高尔夫球分数，或者是谈起成功的公司并购等等。一些人好像很快就能靠自夸而成名，花样从自己发光的球蛋一直到锃亮的跑车，不一而足；他们的表演就让侦察的事情变得对我太容易了。他们以为，要树立起距离标杆的时候，全是看他们是否能显示力气和财富。同时，这里还有一批让人一看就看明白的贵族，当然是和世袭的地位有关系，但也不一定如此。他们的地位不是靠能买到的那种东西来显示的，基本上也比较低调，避免惹眼。我们开一辆萨博车，和普通一样——这是我让孩子们服气的一张王牌了。这里的游艇确实显得特殊，但也只为了要放进船舱里来的那个人，而且这里也没有任何多余的东西，一切都是有道理的，不是因为有用的功能，就是因为个人趣味。

不过，我已经再也没有让孩子们服气的王牌了。自从我在失忆之中丢失了他们，已经过了好几年了。

够了。我当然把事情简单化了。在这个有世袭影响力的阶层里的头子——在客人签到簿里那幅自负的漫画下面的名字是普立本·赫塞尔曼——看上去更像一个过时了的社会民主党内阁大臣，过去的历史背景也主要是在农业无产阶级方面；缺了的就是勾在西裤吊带里的大拇指。没人敢反对他，除了身边那个他收养的什么人有时候开开玩笑敢对他说点反话。那种宫廷弄臣敢说的反话，在皇帝不信任地瞪着他看了几秒钟之后，还可以赏给他一阵大笑。这个弄臣的粗俗里其实掩藏着一种嗅觉，几乎跟我的嗅觉一样灵敏——我们等着瞧吧。到目前为止他还只是在展示，他是经过了良好培养的，好到足以能够对这种培养也敢说"他妈的"了。

那么我呢？一个像我这样小尺寸的怪人，怎么会被这个贵族阶层接受呢？不仅如此，还能把整个闪着珠光宝气的这群人全都引诱到家里来呢？他们已经认识了我，但不是那个我自己的我，而是他们认为他们要造就的我。我有一个"格外出色的鼻子"。但是我的皮肤必须更硬。他们甚至原谅我那么怪异滑稽地参与小企业的活动。老天爷，这不又只是家庭的创伤吗？茶里加一小匙子的无政府主义是不会造成什么损害的。一旦他们把你当作了自己人，他们就会表现出明显的宽容。

当然，他们本来是不该这样的。

译注：

唐培里侬（Dom Pérignon）本是生活法国十七世纪修道士，以创制香槟酒而闻名于世，以其名命名的香槟有香槟王之称，开瓶时用刀削去瓶头。此处作者用削开瓶头后的泡沫形象讽喻那些暴得大名的人。

有关这些陷阱，你都知道什么？毫无疑问，在你被人推下水之后，你肯定会怀疑这种陷阱可能到处都是，这里那里，到处都有。甚至这条船也是个陷阱吧？不管怎么说这个问题可以等以后再回答好了。我在找的东西是更加特别的。你知道怎么做一个捕狼的陷阱吗？我还记得一些，得先挖一个比较深的坑，坑壁要垂直。在坑底中间竖一根棍子，棍子的尖端再扎一块肉做诱饵。然后用树枝和树叶把坑口遮蔽起来，遮得严密看不出来，又承受不住一个狼的体重。剩下的事就是等着了。

这个来客登记簿的残页首先能让我们看到什么呢？那就是一个这样的陷阱是怎么做的。巧妙的就是还让这条狼自己来挖坑。

在我给你讲过的那顿晚饭，饭后是明显比较轻松的交谈，一边喝茶点咖啡；大部分人都心不在焉地谢绝了主人用盘子端来的白兰地。实际上呢，每句称赞人的好话，每个拍什么人肩膀的动作，都是在侦察目标，而这目标也许是在人群里其他地方能互相找到的。或者是侦察某个笑话实际上是在施放什么会有危险的烟幕弹，是侦察在我们中间有什么样的威胁在走动，形式上看或者是一个越来越细心观察的金融界可畏后生，或者是一个少言寡语的美国金融家。我还有那个少言寡语的美国金融家的传真号码呢。不过，到目前为止，我要说的是另一个陷阱。

你一定开始明白，我的复仇是怎么安排的了。这从来不会是在严重的经济情况下给人背后砍一刀，或者是在一个股东大会上和人当面动粗。在这件事情上你甚至都不应该看到我出手。我只不过是一个看不见的催化器。我会让我的仇敌之一很容易地操纵自己进入一种情境，在这种情境里我们的"家庭"面对那种奇怪情况首先会扬起眉毛感到吃惊，过了一会儿，在他们明白这个倒霉鬼开始有点发臭的气味了，就会带着疑问用食指在鼻子下面擦擦，最后令人不注意地，但也是很决断地，就把这个坏小子逐出家门了，而这坏小子面对自己突然的臭不可闻，也出乎意料地失去了方向，还完全莫名其妙呢。对我来说，要做的就只是鼓动我的对手走得足够远，进入不同的冒险境地。这是一件轻而易举的任务，因为他们的贪婪现在已经远远大于他们的智慧。

我说"逐出家门"——通常不就是这么说的吗？不过这其实也是误导。因为这更好像是把本来借给他的那张人人看得见的光鲜的人皮给拿回来了而已。他干活正干了一半就被失忆症给整治了，他的生活只活了一半就变成了空白了。一句话正说了一半，词就从他嘴边擦掉了。他也不明白，为什么路就不是路街就不是街了，为什么好像没人看见他了，为什么他也找不到自己的办公室了——不是有过一个办公室吗？要是他还能找到自己的名字，他就该满心欢喜了。

当你用这种方式出借了一段时间的公共生活，其实就是一种创作性的举动了。这点显示得最好的就是几年前在领导层也做过的克隆实验。我这里有几行字是写这件事情的。有一个名叫凯撒的公司总裁，在业界也举足轻重，因为他帝王般的形象，就给他弄了一个克隆的副手，还有一模一样的冷冷的笑容，一模一样的拘谨的发式，一模一样的鼻音很重的发音，还有一模一样的大号的鞋码。可这种尝试没有成功。克隆的话或者是变成了单调的余音，或者是尖利的回声。太接近的是：情感。一个接班人必须能够咬那个他要替代的前任。这个克隆王储很快就被释放了，迷失在不可理解的世界里。我告诉你这些的时候，为什么会感到一种幸灾乐祸的快意的回声？在我的罪犯名单里并没有这个家伙。可当我谈到这个替身突然变白了，在空白里突然消失了，我的手还是做了一个打勾的动作。

失忆症其实就是我的同盟军啊，每次打了有重大意义的胜仗，当然就期待得到鼓掌喝彩。有一度，我也许还认为这是一个危险的同盟呢。现在我就真不知道是不是了。但是非常清楚的是，我们的生活已经变得更加危险了。市场肯定是比过去更加不可预计了。我这本小小的手册里，有一个章节是说所有那些争议的，有的是支持市场力量的规范化，反对自由化，有的则是相反。在我给你的这一本手册里，我把这章也做了记号，等你有时间的时候你自己可以读读。不管怎么说，这场争论最后还是由市场本身决定了输赢的。

当然啦，市场就像古代的神仙，其实也都有我们人类的特点。可现在这个齐天大圣也已经扯掉了横七竖八地捆绑在他身体上的绳索，摆脱了把他固定在地上的铁镣。鬼才知道这个突然自由快活得喝醉酒一般的怪物会怎么想，是否还有点理性的头脑。在我鼓掌的掌声里其实也是有一分怀疑的。

可在那个晚上，我的客人们并不分担这种不安。这群人里充满笑声和嘲骂声，有晒得黝黑的决心，而在围绕着咖啡聚集的那种创造性里也出现了毒性。是我们在提出要求，要对生活下我们的定义。在一个文学已经失去了意义的时代里——我们中间没有一个人是手里拿着一本书被抓住的——也许我们自己就成了真的作家和诗人。是我们构成价值流和利益冲突的形式，使得生活至少在眼下是可以理解的了。是我们开发出了咄咄逼人的预算思想，使得发生的事件有可能在长久的时刻里处理。也是我们构筑了那些陷阱，在那里可以捕捉住现实，我们的对手也一下子可以触及到了。你可以听到那个灰金发的超级美人奥莉维娅的歌声，听听她怎么在巧克力盒子里选择她心爱的巧克力。她很愿意让她在对话里提供的部分获得"思想"的形式，让人回忆起一个诗歌天才也能当大臣的时代。我们互相赠送的封面很有光泽的年度报告，里面还有签了名的名片，其实就相当于卡夫卡或者莎士比亚在他们的时代寄给朋友的签名题献的诗集。

海伦很害怕在交谈中出现意外的空白，喜欢用一些交际时的游戏来保证自己不至于没话可说，所以她已经带了一些宴会上的客人去玩出让人猜字的哑谜游戏去了。他们把餐厅里那些最后变得几乎数不清的小桌子都折叠起来，把地方空了出来让人表演各种怪念头和闪回记忆。有些人一口咬定自己缺少发明的智慧，推辞了游戏，而有些人带着一点隐约的自我嘲讽的态度加入了。加入的人里有一个是头发开始有点灰白的银行巨头，一度也是给我父亲行刑的人之一。在这个游戏里他手舞足蹈用哑谜表示一些字，先是穿上了女人的花短裤，多毛的胸脯上则晃荡着一条看上去像上吊绳的领带。然后他在尖叫着哄笑着指指点点着的人群中间开出一条通道，这时大家才看到他的两腿之间还有一个又长又大的红气球。在客人登记簿的这一页上你可以看到他的光荣记录。他是有足够权势的人，所以开得起这样的玩笑。有足够的权势在一两年之后把自己也清扫出去——有关这件事情，我在他胸膛里小心的摸索给我提供了很清楚的信息。他用这身装备，又表演了要猜的这句话的下半部分："……一个巨大的王国就这样崩溃了。"乐得大家哄堂大笑。又过了一会儿，他斜靠着一个门框站住，大腿间的气球也瘪下去了，向我出名的嗅觉求助。他问我，我对他不断扩张的专业是怎么看的？要是我站在他的地位，是不是会把这个专业再继续经营两年？他问的时候是咧着嘴笑的，表明他不是从这样一种顺便问问的谈话中就做出有关键作用的决定。我用同样随便的语气问他，是不是他认为自己已经有了问题的回答了。他漫不经心地点点头，不过显然也放心了，顺手还从有人端来端去的托

73

盘里拿了一支香烟。这个"家庭"突然带着不安来看待他了。我为他点着了烟。我很快就要把他捏在手心里了：他的嘴唇已经发青，几乎半透明。我觉得我再也不害怕，手再也不会发抖了——现在我的心再也不会跳到喉咙口了。"我是不是把我的心都留在身后了？"在所有客人的签名后面，我最后写的就是这句话。这些话应该是指我更加沉着，信心百倍了。等着瞧吧。我刚点着了他的香烟，我看着自己的手，为的是记下这手现在多么沉稳。这根火柴在我的手指间完全烧尽，可我没有任何感觉。我瞅着我的指尖，它们确实变得焦黄了，但是我感觉它们就像别人的手指。震惊的事情已经赶不上我了。而能用一种自相矛盾的方式让我感到震撼的，就是我不被震撼了。

这个人沉思着吹开烟雾。他什么都没有注意到。说起来他对别人的痛苦早就没什么感觉了。我正在怀疑他对自己的痛苦是不是有感觉，他已经把烟头在自己的手掌上掐灭了，对我点点头表示感谢，然后就走开，去和其他客人继续周旋去了。他走的样子，就好像他在自己前面多跨了两步。捕狼的陷阱已经挖好了，但我既不感到高兴，也没有什么期待。真奇怪。

是到现在我才看见 L 就站在我面前。对我这样缺乏对她的注意力，她只是带点悲伤和嘲讽地笑了笑。这是一种让人联想到我们之间的年龄差别的微笑。

——"显然，也是轮到我们的时候了"。

我对她看了又看。我当然也努力做出好像刚刚爱上她的样子，但这个时候就好像有什么鬼魂在追逐我的嘴唇和皮肤。可是，一度让我感觉如此强烈的这个人，现在已经是我身后有一段距离的地方了。我的心已经不在心上了。**这**才是这条笔记一定要说明的事情啊。我到底怎么了？你真的必须帮助我看清楚啊。

你摇头了。你是不是认为，能掌握的东西太少了？能支持我的故事的材料实在不够分量，这当然是很明白的。在这些碎片之间我必须添加很多东西，这也是很明白的。不过，你对这张脏兮兮的请帖已经非常怀疑了：为什么我会有一张给别人的请帖呢？而且，你觉得这个客人签到簿的残余也是可疑的。当然了：你可以想到，"家庭"本来就可以操纵某个人的手，但是你可以看到一个更简单的解释，因为所有的名字都是同样的笔迹——这涉及到的就是一种伪造。只是这样的话就更牵强了。看着老天的份上，谁会有兴趣伪造一个客人的签到簿呢？这有什么用？有什么意义？难道这不是一种愚蠢的行为，就为了证明我能把整个"家庭"都引诱到家里来，尽管我相对来说其实还位卑言轻？要是这样的话，我至少也会用点心计，用有点不同的笔和不同的笔迹来签字吧。或者是我的一种绝望的尝试，要抓住某种幻觉：就是说，能在一个失忆的年代，在一个没有人记住他几周前收到请帖的这个晚宴的日子的年代，我居然还能组织安排这样的一个晚宴。不是这样吗？还不用说，要完成这样一个晚宴的准备工作，把所有需要的东西的订单都弄好，聘请好服务人员等等，这些都是问题。而同时呢，很多人的身份也在不断改换：你订食品的时候那个送货上门的公司，现在可能经营的是换汽车轮胎的生意；你聘请的时候那人还是服务员，到今天可能是检察院的检察官了。那些你邀请的客人，到了举行宴会的时候，已经没有一个还留在工商界了：哈塞格仁其实可能是一个社会民主党的大臣，而奥莉维娅在一个护士学校当老师。那么 L 呢——我不是早就应该和她失去了联络吗？

从原则上说，这些反驳我的意见都是有道理的。可你忘记了，在我们这个圈子里，安全系统早就开发出来了。事实上我相信，在我们这个"家庭"里，很少有人会迷失在失忆症中间。不会的，这个客人签到簿的其他部分多半是真实的。不管怎么样，要说它是伪造的，那也是误导人的。重点其实不在这里，在其他方面。我怕你还是不得不接受所有信息和结论里的那些不确定的因素。自从失忆症擦掉了那种全面概括的角度，那么每个字母每个图钉现在都受到了模糊性和矛盾性的影响。也许，互相矛盾的不同版本的说法，互相排斥的不同解释，其实都是有同样效果的。我有我的数据银行，我有灵敏的嗅觉出色的鼻子，所以我的确是有特殊装备的，能够提供可靠的观点和结论。不过连我也不敢保证百分之百的确定性。我敢保证的是我的猜测总比其他人都他妈的有更好的根据，更有道理。

不过，你就忍受这种普遍的不确定性吧。你甚至都不可能很明确地说某一个陷阱是在等待谁，是企图逮住的牺牲者，还是那个设置陷阱的人自己。

译注：

据作者解释，奥莉维娅（Olivia）影射瑞典金融界著名女富豪安东尼娅（Antonia Ax:son Johnson），亦喜食巧克力。

为什么我这里有一张其实是给别人的请帖，要解释的话其实是也很清楚的，尽管也是一个不像样子的解释。去瞧瞧外面的码头吧。那里有我的复仇大业的一件作品，你应该更仔细去瞧瞧。那件作品同时又是一部分历史，是我们刚刚经历又忘记了的历史。可这历史没有忘记我们。

　　你可能从来没有注意到那个缩着身子坐在一个货箱上的家伙吧，两条腿还吊在那里晃荡呢。他可真是面无人色了，所以你得眯缝着眼睛才能看到他。你可能更不会想到他旁边那个同样面无人色的老头子了。他佝偻着腰，好像把全部国债都扛在肩膀上了。不过你要做好精神准备，要不然两个人里年轻一点的那个转过身来的时候，你会大吃一惊的。瞧，就是他。

　　我想你也面无人色了。也许你以前从来没有见过一个吊死鬼。那个舌头不愿意留在嘴里耷拉了出来，那两只眼睛从青得发紫的脸上挤了出来——那是脖子上拴了绳子吊死的人的标志。等到他注意到，他已经成功地吸引了你的注意力的时候，他会把裤子拉链扯开，给你看看一条不可思议的肢体，已经永远变硬了的肢体——那是他选择这么一个结局的话包括在里面的部分。对，这回你看明白了。这可算不上露阴癖，而是一个再没有势力的人手忙脚乱的绝望，一种向你求情的绝望，这样你就可以向我求情。那是真的：他求你原谅。本来就是他推你下水的。他无法面对这样的事实，你现在居然比他离我近了，而他自己根本不敢那么接近。要是你想看到一点我的复仇成果，那你就仔细看看他吧，还有旁边他的老子。

　　你瞧他又来了，颠颠地一路小跑，就像一条饿疯了的狗，又很胆小。那个老头子隔着几米跟在他后面。他的穿着可真不错——我是说年轻的这个小子——不过他那套西服已经在阳光和风雨里历练过好多年了，所以连裁缝拼接在翻领后面的那个标签都没力气再来证明这套衣服曾有过很体面很辉煌的过去了。那双鞋子现在也看不出是手工做的了，因为鞋帮子的皮上蒙着尘土和脏东西而发灰，而且因为四处奔波乞讨，已经和鞋底都分开了。所以，毫无疑问，你几乎认不出来，这个人其实就是我告诉你的那个

79

晚宴上风度翩翩取悦客人、能让大家开心大笑的灰发小个子。要不是他胸前还挂着切断的上吊绳子，你还以为他是一根被折断的、备受折磨而变成了灰色的树干。很有可能是他老子把上吊绳子割断，把他救了下来，所以现在一步都不敢离开他，怕他又寻短见。无论如何，没人想得到他曾经是一个举足轻重的银行家。而他那种心虚紧张的样子不会让人相信，要说到价格调整的话，他还是那些无情的铁腕人物之一，有的是铁石心肠，而要说到切割人力资本的话他还很有创造性呢。但是作为经济分析家，他太无能了，至少他都没有发现我让他不知不觉掉进去的那些陷阱。

别碰我的胳膊！我现在没时间管你。而且是肯定没时间管你！行了，L 不在这里。再说了，她也不会管你的什么事情，为你求情了。

来吧，我们到下面去，把舱门关上。这可是复仇大业最糟糕的事情了：当我让仇敌之一彻底完蛋下地狱去的时候，这个杂种却不知道谁害了他，倒来找我求救。尽管他自己都上吊了，可他以为他还在这个门里可以插一只脚。真是天晓得，他儿子和我还是同班同学呢。他对这点几乎是充分肯定的。也是不久前，他还手拿着一张请帖站在这里呢。我不是邀请过他参加宴会吃大菜吗——瞧瞧这张请帖吧！他的舌头都伸了出来，真难以听明白他想说什么。他努力要做出一个表示歉意的笑脸，而同时还把一张揉皱了的肮脏的请帖递过来给你看：那个意思就是说，他想证明他还是属于这个圈子的。我不得不告诉他，那顿大菜几年前就已经吃掉了。他真是难过得心都要碎了，把请帖翻过来翻过去看着，捏着。这可是他进入现实的入场券啊：也许在请帖后面总还有几句安慰人的话吧。我说我愿意出一千块或者两千块，买下这个请帖。我告诉他这张请帖对我有巨大的情感价值。他带着不相信的样子偷偷看我，要不是他已经是个死人，那可能脸都涨红了。的确，他有了些变化，脸色变得更加灰白了。然后他就接过了钱，同时做了一个动作，好像要亲吻我的手，但是又改了主意，把手缩了回去，然后转身走开，像是一个老兵，跨着僵直但又不确定的步子走上山坡那边去，有一度就消失不见了。我用一支圆珠笔，在爸爸被两个警察夹在中间拖走的那张剪报上勾掉了他的名字。我看见，我已经把他的名字勾掉过了，事实上还不止一次。

当我把笔尖点在剪报上的时候，我突然有一种奇怪的感觉，胸口好像有很大压力，让我窒息，就好像身上有什么东西要流出来，从笔尖流到这个虚空里去。也好像是有几滴属于虚空的东西，要从相反的方向流到我的身体里。

我到底出了什么事情？我怎么会记住这种感觉的呢？

现在他又出现了。他不会明白，我怎么突然有这么大变化。他以为，我最终会说服自己，去帮助他重新站稳脚跟。不管怎么说，他是一个高超的银行经理。他拒绝看到一个金融贵族的毁灭是不可逆转的。不过，最主要的是他拒绝看到他已经死了。

就像刚才，他那么僵硬地朝我们走过来的时候，那可不是你所想象的那种僵硬。他的僵硬是自然的——那样他就可以随心所欲玩高尔夫球和壁球，想怎么玩就怎么玩。他还希望，越玩他就能越僵硬，就能玩到其他的权贵大亨中间去。他是在大公司的世界里构造自己的形式的，要和这个领域的其他人分享身体的木质化。在他们木头一样的脑瓜里就不会冒水泡一样冒出意外的念头，也不会在树枝般坚硬的手指尖上发芽一样长出新的可能性。要说他们还没有被淘汰出局，那只是因为在欧洲那边他们的参赛同伴同样僵硬，同样的粗糙不平，也可以让人一看就知道是怎么回事情了。

早有迹象表明，东方的那种计划经济在八十年代的某个时候就要崩溃了。在这种情况下，就为持续性提供了良好条件。西方的大公司有足够的时间去接管那些大规模的思想，不情愿吸取经验教训的那种懒惰，还有生硬的动作

82

模式和对所有不同意见的怀疑——某个帝国主义最后篇章里的全部僵化和全部的冒冷汗的偏执狂。这种接管自然和意识形态没有任何关系；这是一个过度生长的权力发挥作用的方式的问题。那么现在也是资本主义的计划经济开始在关节里发出吱吱呀呀的松动的声音了，还没等它来得及从内部的互相眨眼发展成明确的计划。它是和秘密结成同盟的福利国家同步地开始开裂的。

我有信息证明，进入九十年代后的某年，我们这里也会有一个大规模的经济危机。对我来说，这意味着复仇的最好时机终于到来了。这是基督山伯爵许诺给我的。当然我不能像我的男主人公，变戏法一样变出一场风暴，不过我可以在我的鼻子和喉咙里感觉到正在接近的低气压。这就给我足够时间把自己容易受损失的资产转移到安全地带，为我在这出戏剧里的适度干预做好准备。当风暴和雷电来临的时候，当追逐猎物的天空取代了我们毫无知觉的天堂般的布景的时候，我的仇敌的商船会发现他们都处在最危险的礁石中间，随时会触礁沉没。我这里的不饶恕人的海岸已经做好了准备。

在一个政治眼光本身认为和世界秩序结合在一起的国家，在一个经济的理性多年来就自由行动而没有受到自然法则方面多管闲事的限制，这种规模的低气压是完全可以不当回事的。可突然间，低气压原来也意味着坏天气了。突然间，就开始下倾盆大雨了。突然间，政府诚实的念咒做法也似乎都没什么作用了。而人们用良好的民主的方式来决定的好天气也不愿意留下来。这个国家有所有理由感到自己受到了侵犯。

现在呢，低气压已经很合理地变成了一个全球性的现象。至于它对我们国家的影响为什么特别严重，这全是因为很多年来我们就成功地把现实排斥在政治之外。很多人还认为，在发生危机的日子里，我们成功地把残酷的真相都封锁起来了。如果不该发生的事情真的发生了，那么也很简单，我们的心灵就会拒绝接受。然后呢，经过无穷无尽的种种努力，我们会成功地把幸福的王国变成地球上的现实，那个时候，我们头脑的新闻检查官也就不会认可什么威胁人的信号了。没错，这个瑞典的现实本身就会吓得往后退，为的是发出信号，这些信号可以伤害我们精心保护的脑组织。

不过，这是一幅漫画而已。我相信，在危机最紧急的关头，我们大家都有过几小时的清醒，能看得非常明白，也会感到震惊。我们当然看到了，那些银行大厦是怎么躲开来的，大厦正面的上部都向前倒下来了，然后慢慢地、慢慢地沉落下来，变成一堆瓦砾，一团石灰的云雾。我们也看到了所有我们的赤字亏空都在那个底下被打开了，成了一个大洞，一个宽大得有几个世纪又深不见底就像有人死不悔过的大洞。不过，我也深信，对一般的人影响最大的是，大家都领悟了所有安全措施里那种暧昧不明。对我们金融界的人来说，这都是老生常谈了；我们不是有好多年就在忙于买空卖空，用虚拟的房产和令人怀疑的可能性在做抵押吗？对于大部分虔诚的瑞典人来说，恰恰相反，要是你说他们住的房子居然是虚拟出来的，通向公交汽车站的马路也是社区物业购置的希望而已，那是不可思议的。他们已经习惯于看到，他们的生活是用石头垒起来的，由不同形式的灰色中呈现出的安全。说安全就是安全，说一不能说二。有些人可能以为瑞典人在危机时刻失去了她们的贞操。但是我不认为瑞典人**能够**失去她们的贞操。她们只是变得困惑而已。而且受了伤害。那也就足够糟的了。归根结底，她们总是有所准备的。当一座桥摇摇欲坠，或者可能已经坍塌的时候，我们中间的工程师就会醒过来了，我们会从四面八方赶紧跑来，手里还都带着工具箱。

我相信，我们的经济在第一回合里用一种王车易位的手段得到了拯救。依靠那个沉默无声的公约的力量，工商界就把它出乎意料的、包装得还过得去的债务转移到公共部门的头上去了，然后迈着轻松下来的步子走到有利可图的国际贸易领域去了，而且还可以得到额外的帮助，因为在那里"克朗"这个词不再需要表示"克朗"了。反过来说，公共部门也把它们的巨大希望转移到了私立部门，尽其所能应付一下子出现的税收减少和失业增加，还希望来一次经济复苏，这样就有可能把全部的凄惨局面全都送到国外去了。我想，这是一个合适的历史描述。

你也知道，从舆论方面来看，我们依靠语言本身的一种大幅度贬值，也就度过了危机。如今你可以随便谈巨大的国债和赤字，甚至敢指出这种情况的严重性。没人需要承担什么风险，必须保证自己说的词百分之百是词典里承诺的那个意思，最多只要有原来价值的四分之一就够了。我们用这种方式已经教会自己承担债务——它们差不多具有了一种隐隐约约的良心不安的特性：那是人本来应该做的事情，或者说不该做的事情，可现在他妈的还有什么关系呢？而这种大幅度贬值，对我们蓝色黄色的瑞典价值的出口，还有强力的推动作用呢。

现在呢？地平线的收缩，对工商界和政界其实都是一样的情况。一方面，要紧的是必须把下几个小时的盈利最大化。另一方面，要紧的是一个下午的民众满意度。要是某项活动需要等到可能的将来才看见盈利，那为什么还要在里面投资呢？要是不同的想法不能给你带来甚至按年度计算的收入，那为什么要去考虑呢？要是在你自己就只有可怜的几个小时掌舵的时候要去惹麻烦改变航向，而那些掌大权的当政者，也许还包括来自在野党的人，要过了很久很久才会明白你这种改变的意义，那你为什么还要去改变呢，为什么要引来大家对你的不满呢？短视倒已经成为我们的长久之计了。

码头上那两个早已过了气的家伙有个明显的特点，就是嫉妒，妒火中烧，让他们像得了疟疾一样打摆子。也一点都不难看出那是为什么。杀我父亲的刽子手不管怎么说身体里还有足够的体面，所以在侵吞了不可计算的人的未来之后，还知趣地上吊自杀了。他的妒火是冲着那些所有他的同事的，因为不仅他们不知趣，反而利用他们缝制精巧的"降落伞协议"（也就是高官离职时的奖金）捞了一大笔，在很多情况下还在"联合国银行"里得到一个舒适的退伍职位。而他没有看到的是，对于一个领导无方失败丢官而满身恶臭，再也不会被接纳回"家庭"里去的人，"降落伞"其实也就是一种可怜巴巴的安慰而已。顺便说一下，肯定也常常是一个搞错了的人会有一天困惑地签收那笔肥得流油的离职奖金。而在联合国银行那里的经济职务当然也就是一种流放而已，差不多就像十八世纪的时候把罪犯流放到美国去，这样就免得再看到他们了。对于这类顾问一类的职务，是没有来回票的。他们要在那里度过余生，在某些摩天大楼的走廊里和其他国家来的顾问挤来挤去，每个人做出的贡献就是把这里弄得像运猪到屠宰场去的卡车一样拥挤不堪。对他们来说最糟糕的可能还不是自己身上都没有了气味，而是在有了病毒的电脑里被错误地驱逐出境了。

无论如何，我发现在码头上的那两个人身上的、嫉妒得发疯的怒火还是喜剧性的。就好像在监狱里——没人会像一个偷窃犯发现同牢的犯人居然偷了自己东西的时候那么怒火冲天了：他妈的这牢贼不得判无期徒刑吗？外面那两个人就是用这种激动的求情的目光看着我！他们最后的救命稻草就是：不管怎么说，我可能还会觉得，这他妈的太不公平了吧？

是到现在你才看见其他那些人吗？我还以为你早就发现他们了呢，在我开始谈到码头上那些可怜的家伙的时候你就发现了。要不然我自己早就会把望远镜递给你了。不对不对，你得先闭上右眼，再用中间的调节旋钮把焦距调好。然后……这就对了。你看见那个芦苇丛里的人了吗？还有那两个藏在岸边的家伙？还有那两个躲在山坡上的野蕨菜里的家伙？初看上去，你会以为他们是扭曲的干枯的树，就像有个法国艺术家创作的蚀刻铜版画上的那种受虐待的人物，那个艺术家叫什么名字我不记得了。他们都被水冲到这个复仇的海岸边来了。你对他们可要多加点小心。在他们的眼里，你是一个得了好处的情敌。

没错啊，你已经看出他们的不同了。匆匆看一眼的话你会以为我那些已经被摧毁的敌人纠集在一起了，要联合起来把他们的痛苦和仇恨都对准我。不过，实际情况恰恰相反，他们好像希望我能来维持公正——也是在他们之间端平一碗水。码头上的那两个家伙仇恨另外两个在岸边挥着手赶走最后的蚊子的家伙。那个死死陷在泥水里好像扎了根的人，又蔑视码头上那两个可怜的家伙。他们是历史的悲惨可笑的碎片，只因为银行的安全措施稍微减少了一点点就会惊慌失措。而水里的人自己的确是不巧掉入了什么陷阱，落入比这泥水还要糟糕的境地，死死缠住了他的脚让他不能动弹。不过，这是一次伏击而已，不管怎么说属于更加狡猾的经济学。而他还对我怀有希望，明显是担心银行的笨蛋说话比较靠近我的船，超过了他自己能靠近我的距离。

我是要你更加仔细地看看其中的一两个人。你可以从野蕨菜地里那个个子比较高的人开始。他是我的第一个市场推销员——他还给我起了个绰号，是我不得不在难熬的四个月里苦苦忍受的绰号："软奶酪"。现在他肯定把这个绰号都忘记了，可我身上还有能记忆的伤疤呢。

你知道人们说的那种现象吧，怀有敌意的公司会来套购你的股票，接管你的企业。可你知道这种性质的操作会发展到什么程度吗？会在涉及的人们的生活里走得多远吗？野蕨菜地里那个像扭曲的枯树一样的人可以告诉你答案。

不过，还是先让我把围绕他命运的这个框架说清楚。

就眼下来看他没事干，能派上用场，这点他不得不承认，不过，基本上他认为自己是在一个更重要的经济领域里注册了，这个领域现在比以往任何时候都活跃。失忆症引起的干扰毕竟只是限制在工业和交通行业。而这个新的领域和令人神经紧张的卡车生产以及充满希望地到处嗅着客户的纸浆发行几乎没有什么关系——有意思的事情是在这些情况下的神经紧张或者充满希望，还有他们控制下的赢钱倍数的替换和升降。这类的需要手腕牢固的活动，在这个性命攸关的工业解体过程里，他们是会尽力继续下去的，但是早在八十年代他们就失去了所有的地位——我们不是早就进入这个话题了吗？自然啦，它们也不是世界经济现在最关注的精密化了的赌局的最首要的基础。那些虚拟的价值，是码头上那些可怜的家伙无法处理的价值，最终却获得了它们的地位，给整个行业都带来的冒险事业的男性的气味。那么这就是折磨我的人的任务，要给这个新的更大胆的世界做市场推销。

全球经济现在正处在一个极为精彩的阶段，对于这个阶段，连国家经济学家都没来得及找到什么分析工具去分析它。一部分人晕头转向地去尝试把金融世界描述成一种大赌场。当然那里还涉及到显然更加严肃的事情，带有强烈的生活观的性质。要是我在这里某一部电脑里输入英语的"下赌注"，那么我们不仅会得到这个词的一条定义，还会得到那些历史的出发点，特别会提到一个英国的犹太裔经济学家。他姓帕斯卡尔，名字我已经忘记了，生活在大约一百多年前。他开门见山就说，让我们打赌，看看上帝是否存在。而他继续调查对这个命题说是或否会有什么数学和经济学意义的结果，上帝存在会怎么样，上帝不存在又会怎么样。

在我们这个年代，其实是保险公司在开发有关这样一种类型的更加合格的赌局的设想：我们敢跟你打赌，你不会活到七十五岁；我们用四比一的倍数跟你打赌，你老婆一年内就会离开你；要是你敢下赌注说历史是有意义的，那么我们会为你提供独特的倍数。但这种哲学是到了八十年代发现想像的价值也可以做抵押的时候才得到了真正的提升，这种想像价值可以包括很多，建筑只考虑了一半的一半，到将来可能有的后代。只不过那个时候人们还不能处理好他们的发现，反而毫无必要地碰了一鼻子的灰。后来的几年里，金融世界开发了新的理念和"簿市"——我想你一定知道这个简称是什么意思，就是"簿记市场"——这可是现在无与伦比的最有扩展力的事情。就在一秒钟里，你就能在世界范围内给下一小时的原料价格、人类价值和不朽前景下赌注。你也知道，赌注可是多种多样的，从你背上剥下的皮，一直到下下一代人的生存，凡是能在当铺的漩涡里来回转的东西都行，凡是能有成果的东西都可以押上去典当，在一分钟里就上升到天文数字的价格。这么快速的赌博，还有哲学的弦外之音，那是我们这个时代的真正的经济活动：对长线投资的想法和深思熟虑的计算——更不用说缓慢积累的家庭资产——这些现在都是荒诞的事情了，就好像人同时要对人生的重大问题都承担责任一样。

在这种前后背景里，我是一个关键角色，因为我处理的是最近的有选择性的数据，也是不多的能够取得比华尔街的预告还要安全的经济预测的人之一——你知道华尔街那些大猩猩比一般的股票交易分析师还要多拿百分之四。在这个空间里混的人现在大多数要依靠我的咨询。这也包括那些我当作仇敌的那些人。

在野蕨菜地里的那个变成了树的杂种有一个——或者说曾经有过一个——不同的受攻击的位置。我有一张他过去的照片：在学校的集体照上，汉克样子几乎就没有任何变化。他在"谋略公司"当老板，那个公司起先是家庭企业"瑞典广告公司"，逐步发展成了广告业的巨头，印了大量广告，这些广告然后就成了他旁边那个连锁超市购物袋里的废纸卷。也许你也知道，他开发出了一种越来越先进的概念，可以帮助那些陷于危机的企业。你能不能听到他在说：我们是现实主义者。我们从调查市场上同业竞争者对你们企业的态度开始。调查完之后我们才设计你们的企业形象程序。这个不是有关你们的商业活动。这是有关你们的形象。我们为你们公司提供投资者期待的新面孔。我们帮助他们忘记旧面孔。我们会让他们相信，只有你们可以把他们的性命都当赌注押在赢利的星座上。

这个显然在繁荣发展的帝国，有些部分对我自己的公司是很有意思的。而其他的部分，包括操纵者本人，则都可以作为垃圾去处理掉了。不过不管怎么说我对他还是怀有敬意的。任何人要是看不起敌人，那就等于把自己也贬值了。

他的面孔剩下来的部分会散布有关一次和解协议的闲话。那些没有面孔的势力想接管他的世界，而在这个协议里他发现自己没有任何东西可以对抗。那些咄咄逼人的资本不知道是从哪里冒出来的，我自然是用一个加长的胳膊做出了反应，就像那种时候吧，你看见一个沉默寡言的美国人手拿着公事包走过来，然后装配好一把带瞄准望远镜的步枪，悄无声息地就把一个搅局的分子消除掉，而他自己也同样悄无声息地就消失不见了。

也许你就没有想到过，一个老式的家庭企业和业主的呼吸、心跳以及消化是多么亲密地联系在一起的——直接通过股票交易所的非个人化的和更稀薄的扩张的空气就行了。就形式来说，早就没有人还承担什么个人责任了；在这个地方你不能要求以眼还眼以牙还牙。但是在现实情况下，公司和业主依然还是交织得非常紧密的，以至于分开的部分的切割和销售都好深入双方的肌肉组织里。如果公司都不再有能力吸入氧气的时候，他的肺再怎么收缩又有什么用呢？要是公司的脊梁骨都被打断了，那么他自己怎么可能站得直呢？要是共同的血液循环系统有一部分被撕开了，那他还能不流血吗？公司的损失并不能花费掉他很多克朗，只让他花费掉了他的生命意义和身份。他笨手笨脚地给我做手势，意思是说他已经停止睡觉了。而他实际的意思，很可能是说他再也看不到现实和噩梦之间的界限了。他愿意看到我至少能帮他把这条界线划出来。可我就让他在那片野蕨菜地里站着，还要付出代价。

你再瞧瞧陷在岸边上的那两个人里右边的那个吧。他死死盯住汉克，眼睛一眨都不眨。他肯定忘记了，汉克其实还是他早先的同班老同学呢。相反，他已经注意到了，那个像掉光了叶子的枯树一样的家伙现在成了我们注意的对象，所以他自己感到很不安，因为这个杂种会成功地操纵好自己，把自己塞进我们的信任之中。他自己是非常懂得操纵手腕的。二十多年前，他就几乎成功地把我操纵到一个过早的葬礼里去了。你看看那张学校的集体照，再和望远镜里看到的图景比较比较。那个人难道不是图比亚斯吗？在照片上他被打了两个叉，标志出他才是欺负我的这伙人背后的主脑人物。我相信，他后来成了游说团里的带头人。他的全部姿势就是要告诉你，他的公司如何就可以拿到所有那些其实很麻烦的项目，是那些还在远景规划中的建筑公司几乎都不敢接受的项目，是政客们都用手捂住眼睛不敢看的项目，就像眼看要撞车的一霎那间人都会闭住眼那样——后来这就成为一个无法筹资的桥梁建筑项目，或者一个像是巴比伦塔的公司大楼。图比亚斯是能让心怀疑虑的股东都成为亲家的那种人，能把那些盈利的公司都引诱到纳税人的真正的骨髓里去，还能让政治家都把自己先捆绑起来，再堵上所有专家的嘴，这一回是用民意调查的数字来威胁那些专家的。也是他组织了人在媒体上围攻那些他的项目的批评者，让他们烦恼透顶。从学校时代到现在，他就根本没什么变化。就像是围猎的时候，只要他能把追赶猎物的狗都动员起来，他就总能体会到一种色情的快感。

我其实不用再做什么了，只要引诱他再多往前跨一小步就足够了。在一个麻烦重重而又内容丰富的小时里，我们的"家族"一直在忍受他的怒火，他的怒火是围绕着一条横穿过最后这个花园的通路发作的。或者是围绕类似的麻烦吧。然后他们就让他倒下去了。

现在可是轮到他受欺负了，而他还得想办法在岸边的石头里寻找一个站稳脚跟的地方。麻雀一样大的蚊子也让他不得安宁。看起来好像他的雄心大志就是把他的衣服弄得严实一点。就防卫大麻烦的那种方式来说，他穿得其实很不错了。有很多年，他的衣服上那些熨烫得刀刃一样锋利的裤线可以让他和令人慌张的事情保持距离。在同样长的时间了，他精心修饰得一根头发丝都不苟的发型，也能成功地阻挡住所有人看透他的内心。甚至不能让一片头皮屑来打破这个纪录。而现在呢，他只能想办法站稳，同时还要手忙脚乱地挥赶蚊子，挽救下雨淋湿后变得一塌糊涂的裤线，期待着我赶过去救他。可我就袖手旁观，就让他在水里站着，在他的流亡里越陷越死，还要付钱。

好了，我们现在谈到复仇的经济学了。正是这个方面我需要一个帮手来把这样那样的事情搞搞清楚。不过，这时候我首先想到的不是外面那些家伙能付什么钱，不论是码头上的家伙，还是岸边的或者山坡上的那些家伙。要求他们或者说原来的他们付出的，不过就是他们在欺负我的快感里或者争抢我东西的激动中他们以为赢到的部分。在他们叽叽喳喳的吵闹声还有他们身上的刺鼻臭味里，你可以分辨出我一度不得不跪在学校院子里的地上忍受的标价标签，忍受他们的胯下之辱，忍受他们吹着口哨的嘲弄，同时还有一个小流氓在我身上撒尿——还有就是因为我父亲几年以后不得不和胃痛药一起吞到肚子里的苦水而付出的代价，那些让你臭名昭著的报纸文章的价格。罪犯就得为他们早先订购的罪付钱就是了。而他们付钱也是活该，也就不需要抱怨什么了。没人说一句话来责怪我。

所以，当我谈到复仇的代价的时候，我是指要求我自己付出的价格。看起来好像是复仇本身不仅会让我自己付出高昂的代价，而且好像是制订计划和一步步准备等等，本身都会跟我算账。真的，就是说我自己也显然要付钱。我就是不知道要付多少。那就好像我也被剥夺了我能够分辨出损失的那个部分。

那两个因为船撞破了而被冲到我的岸边来的家伙——他们看上去不是好像明白了我不得不忍受的事情吗？他们好像被安排到了一个地狱的模式里，所以有关我的事情他们比我自己都知道得更多。就好像是他们在那种内在的敌意之中，已经在眨着眼点着头互相祝贺他们的胜利了，因为我失去了我那么害怕失去的东西。就好像是他们很满意地注意到，就算是我胜利了，我赢了，看来我也再没有能力感觉到什么了。

你的咖啡都一直没喝，现在已经凉了。把它倒掉吧，我再给你加点热的。别客气了，倒了吧。你也不必坐在这里打瞌睡，现在那些事情的前因后果都变得清楚了。你刚才不经意做的一个动作，其实又给我提供了另一个线索。我突然看明白了，有人怎么样想办法要把复仇从我的手里夺走。

　　你没注意到吗，用这样的方式，你好像就可以出乎意料地记住你本来不太想参与的事情？就在失忆的年代里，好像还有些地方认为它们本来就能认出我们，还有点不服气地保证那是真的：事实上你在场啊，事情就是在这里发生的啊。这些地方不跟我们先打招呼，就提出要求，要告诉我们一些有关我们自己的生活的事情。也许还会暗示，我们的生活将来会怎么样。

刚才，就在我们说起了那个吊在外面码头上的人的时候，你把手半举起来，举到了脖子上，就好像你和外面那个可怜的家伙一样，被卡住了脖子喘不过气来了，不过你同时又很不情愿假装出你很惊慌失措的样子。你那种半心半意的姿势，倒能让我看得明明白白：我确实在场，我确实**在那里**。我的手卡在她的脖子上。而地狱的门突然就打开了一条缝。

我在那一瞬间，看到的是我的母亲。她大概也就是五十四或者五十五岁，但看上去已经是个干瘪的老太婆了。她得了癌症，自然已经病入膏肓。那癌症正不遗余力地蔓延，要和我们头脑里不断增加的被毁灭的东西变得一样。我弯着腰俯视她，手就卡在她脖子上。因为憋气，因为缺氧，她的脸已经有点青紫色。她的透明的手青筋裸露，就像钢丝。她把手半举到自己的脖子边上，好像是要本能地阻止我，不过又愿意让我就那么卡着。

我看得出，你已经吓坏了，不过你不可能比我自己更吓坏了。不论发生了什么事情，反正我已经记不住了。同时呢，这个图像自己又要强加到我头上，它有一种效力，就像那是一个梦一样，是你拒绝不了的。

我母亲很可能刚刚给我讲过有关我的真实的故事，讲过那群带着猎狗的围猎者。她当然也说明白了，实际发生的事情本来是针对她的。她就是这样的人。她很熟悉这群围猎者，她自己就是那个被围困起来的猎物。她一会儿用这个面孔求情，另一会儿再换个面孔求饶。有那么几秒钟里，她甚至试过做出 L 的样子，然后才停留在自己那副最终显示的面目上。

"真实的故事"很可能从浪漫婚礼的背面开始，一个来自古老家族的上了年纪的技术天才，把一个头晕目眩的新娘带回家里。不知道她来自什么地方，而现在她把没有头脑的青春和好奇的敏感性散布到一个笼罩了阴影的家庭和受到严重骚扰的生意之上。她肯定一点细节都不漏地给我讲述了我们的共同生活，从一个很有讽刺意味的老式的求婚开始，又和死亡的呼喊构成回声，为的是转变成持续不断的强奸，而且首先还不是这个身上多毛、膝盖长满疙瘩、舌头不断找着食物而又突然变得陌生人的家伙干的，而是他的家族干的。那些死人自己已经不能参与，没有了性欲和玩新花样的能力，但至少可以按住她的四肢，然后根据他们自己的失败经验和希望，试图在她身上构成未来的形式。但是，像狗吠一样地制服猎物，并不就是为了性和子宫；他们的目标也是她的思想和美梦，要到她的神经系统和骨髓里去寻找，为的是确保对她有同样的影响，就像他们能影响男人一样。这是一个更精心策划的强奸，是围猎在她身上还属于她自己的那个自我。就在她受到的羞辱的最深处，她发誓要复仇，要报复这个毁掉了她生命的家族。

是要对死人报复吗？是要阻止这种过去这种历史继续前进吗？听起来这些都是让人熟悉的，不陌生的。为什么她不能离了婚就简单了事呢？再怎么说，我的父亲也不过就是一个来自瑞典工业化突破时代的鬼魂而已，而全部这些暴行不过是来自积满尘土的十九世纪的一出戏剧。在我们这个时代，已经没人会受到这样的侵害了。

她哀伤地凝视我的眼睛。对啊，这都是在我们身边发生的事情：要是我还敢看看人们的额头后面有什么就很不错了。而我呢，要是有人本应该知道的话，也是我自己有一天居然会发现我和仇敌结了婚。这样的婚姻是没有办法解除的。

她自然知道学校里我受欺负的那些事情。不是她会留意这些事情，还会是谁呢？她也和我一起受苦——不过还不是和完整的我一起受苦。她已经开始厌恶在我脸上、在我的动作里、在我说的话里出现的本来属于他和他的家族的一切。她不愿意在她自己的孩子身上去复仇，但是她也受不了这些孩子。当这次的围猎是要猎捕我的时候，她肯定也觉得这是又一次在围捕她——是那种脆弱性，那种过度的敏感，还有那种昏头昏脑的好奇心，就是这些，好像我身上又活着她，是那些虐待我的人追捕的东西。不过。

我可以看到她站在我面前，两只手不情愿地朝我举起来。一种欲言又止的目光。半张开的嘴，嘴唇既带着绝望又有着同情，但是要说的话又堵在了牙齿的后面。没错，她毫无疑问跟我一起在受苦，不过让我承受的痛苦要强烈得多。她注意到这种迫害一个星期接一个星期、一个月接一个月地持续着，但是她把干预的冲动强压了下去。然后这种痛苦终于开始变轻了。她就把这种伤害放到了脑后。一个复仇者会把自己扔在脑后。

那把手枪的事情她也都知道。他也确实受了伤，但不是那么严重，要是早几个月那就会严重多了。她已经在这张《瑞典日报》的边缘上读到我的报仇计划，也读了我的日记。一页接着一页的记录。在这些记录里她能认出她自己的复仇冲动，但是，同时也看到太多的谋略和心计，那种火药味和那种攻击性，又属于她的丈夫和他的家族。于是她控制住她要说的话，也控制住她的手。我也更愿意相信，她是一个冷静的母亲，此外，她很快也就不需要扼杀她的情感了。她已经把这些情感抛在了身后。我的母亲已经越来越不是我的母亲。那么，也就越来越可能，让复仇在我身上实现。

最初，这个家庭在我身上也几乎没有留下什么容易受伤害的弱点。在学校受欺负的那段时候，我对从天上到地下的一切都有一种业余艺术的兴趣，几乎成癖。在家庭的退化变得令人难堪之前就摆脱这个行业，也不会造成什么伤害——不管怎么说，还有人希望从我母亲的不受管制的阴户里能生出更加强壮的子孙。就是她让破产打倒了她丈夫和他家族的那年，情况看起来就已经不一样了；现在，在那些死人的眼睛里，我倒成了唯一的希望。当我逐渐成功，好像正在重新建立起一个小小的王国，他们就在我背后吹送亲切温暖的微风，还会跟随我的动作，还会收藏那些有关我的报道的剪报，在照片框和油画之间偷偷地窜来窜去。我最近的复仇也可以展示出在我身上还是有点胆子的，尽管我毫无必要地在一些人的脚下使绊子，而那些人本来还是当作盟友更好。那些死人不光把他们所有的想象得出的资本都投在我身上，也把他们全部的容易受伤害的弱点都凝聚到了我身上了。

可她和我父亲的破产到底有什么关系呢？她说起这次破产，就好像是在说她自己生的真正的孩子，一个可以当作复仇者的孩子。自然，她对经济其实是一窍不通的。她就会盗取咒语，因此至少能像我们这个国家领导人一样有良好的装备。她把那次破产看作自己的杰作：是她的祈祷和咒语起了作用，最后招引出了一个公平的现实，也是复仇的现实。父亲的破产是她最高兴的事情，因为这不仅是对他深刻的羞辱，也是对他整个家族的羞辱，甚至一直可以追溯到他的祖先，让这个祖先深受折磨，以致于都不能再留在放逐他的那个金色画框里，而是在这个房间里整夜整夜地走来走去，用哭哭啼啼的声音来把她吵醒，让她彻夜不眠。我为什么会有这么白痴一样的念头，居然要为我们家族事业的破产而复仇？我的复仇是针对父亲所代表的那个社会阶层的，这本来是非常棒非常妙的事情。但是我为那些小规模的事情求情，这只会引起她的不耐烦。我不应该为了意识形态而放弃自己，而是要投资在最基本最重要的事情上。一个复仇者是买不起那么多思想的。一个复仇者除了自己的任务之外，其他什么都买不起，起码是买不起他自己。

这个再也不是我母亲的女人，最后也准备牺牲掉那个不再是她自己的儿子的人。

我肯定是带着越来越恶毒的念头盯住她看了很久。也许，现在是我成了一个心不在焉地分散她注意力的人，拿出我的包袱：

——"我给你带来一点卫生间用的东西，一点消毒药膏，一个镜子，还有几管……"

她阻止我说下去，用她的手挡住我的手。居然让我感到疼痛，这是很不寻常的。没错，我真的相信我感到痛。她过去从来没有碰过我吗？她拿出了各种解释，都是只说明一件事情的：那面镜子。她不敢看她自己的脸。她的说话声很低，就像在喃喃自语一样。我把头凑到她的头那边去，才能听到两个字："代价"。自然啦。她不得不为了复仇付出代价，一部分还是要预付的。那些死人因为遭受了打击而呜咽，还能在他们预见到的打击之前就惊跳开，但是她其实也遭到了同样多的损失，一直到最后一分钱。她的手放在我手上，但这手又感觉不是放在我手上，让这点就非常明显。牵累到她的那些事情，预言了作为我这面的风险、我甚至都不敢提到的事。用你的眼睛来看事情发生的过程，我就开始理解复仇的经济学了。

是的，她是连自己都买不起的，只能买得起她自己的孤独。那是她不停地说"不"、"不"、"不"的总和，一种她最后牵扯到我们所有人头上的孤独。而她自己几乎已经不存在了；她只是那个要成为……不，在那个充满仇恨的家庭里最终只有一个人留下了——而这个唯一的幸存者是无休无止地容易受到伤害的。死人们看到我都非常恐惧，他们怕看见我一个人那么孤独地站着，而且那么容易受伤害。

天哪，我的孤独并不是她的所作所为造成的。我们两个人其实都因为海伦和她孩子们的失踪而受到震撼。这可是不能抱怨**她**的。

你确实太天真了，尽管你自以为很聪明。这一半带着悲伤一半带着恶意的笑容在这么说我。那场灾难当然是她的所作所为，这是很清楚的。是她偷偷塞给海伦一些钱，够她们去做一次昂贵的旅行，因为这个姑娘看起来太疲倦了，让她和孩子们到国外去享受享受会有好处，精神焕发起来，而我自己又全力以赴忙于工作也顾不上。不管怎么说，在**我们的**关系确实不太好的时候，总得有人去安慰安慰她吧。

旅行？在一个失忆症加速流行而人们失去方向感的时候离开家？难道这不等于把家庭给谋杀了吗？他妈的我母亲心里到底装了什么鬼胎？我失去了孩子们，这是不是她的罪责？

那个苍白的脸变得更加悲伤，而不是恶意了。那个笑容的意思是什么？是在说让海伦带着孩子到随便什么地方去旅行是必要的吗？是为了洗刷掉家里的冲突？是为了在最终的复仇章节堆积起来的时候，把所有进一步的章节从死人那里骗走，除了我孤独面对的而且很容易受伤害的那一章？她不管怎么说曾经还是我的母亲，就我知道的，就只有一个保留条件。我不需要死。不需要让我得到比我已经得到的更多的惩罚。监狱和耻辱，那就足够了。此外，她要让我遭受的罪，要比死亡更敏感，更怕丢脸。是的，她的嘴唇嘟嘟哝哝的就是这方面的事情，那嘴唇很早以前就和类似感情的一切拉开了距离。

肯定有那么几秒钟，我失去了理智。等我清醒过来的时候，我看到她苍白得发青的脸色，还有干枯的鸡脖子掩藏在我握紧的手里。在那双就要死亡的眼睛里，闪烁着最后一点胜利的火花。就是她的瞳孔里最后的一闪，让我松开了我的手。我听见她喘息着，而且很失望。

在那最后的一闪里有什么？为什么她变得那么失望？那双半举着的手是什么意思，一方面好像是阻止我，同时又好像是要帮我完成这次扼杀？她对于监狱和丢脸的暗示，那里包含着这些问题的答案。她要惹怒我，让我杀死她。让我用这样的行动，给我自己的家庭带来莫大的耻辱，还有牢狱之灾，那就是她最终的复仇。

所有这些，都是我从你半举到脖子边的手势里读解出来的。我只能希望，它们是在撒谎。

但是，摆着我母亲宣告胜利的灵床的场景，又包含更多的含义。不管怎么说，她确实希望饶恕我一点——我不需要死。这个受尽折磨的女人为了她自己渴望的结局，是要**我**来接受的。我的手要和她有一种亲密的接触，而这种亲密在我们的生活中是被排除掉的。很可能，我们从来就没有像我的手卡住她脖子的时候那样亲密地接近过。

不过，这种亲密就像一个梦一样是不可靠的。我看见我站在那里，看着我自己的手发怔，就好像我自己以前没有看见过这双手。让我感到绝望，或者感到有罪，或者感到恐惧，这是不是恰到好处？我只能说，所有这一切其实都跟我无关，没有一点关系。瞧瞧我的手。最奇怪的就是这些手指，根本就不具备什么感情，但是对于她揭露的事情有那么强烈的反应。为什么它们会是这样忘乎所以，就因为她暗示说，她已经把我的家庭给一扫而光？到了这种地步，难道这种事还能给我带来那么大的痛苦吗？最震撼我的事情，看起来其实是她企图偷窃我的复仇。不过她没有成功，没有能把复仇从我的手里夺走。

谁能够做到这一点？

我这条船真算得上指挥复仇的一个总司令部。在船的每块木板上都能闻到不妥协的气味，你摸到的每样东西都会冒出静电的火星。在外面的风景里的那些变了形的树都是敌人，都是从这个没有耐心的船舱里定位的。但是在这个船身里，对我是不是一个复仇者还是有一点怀疑。这条船和我都不能确定，我们是否互相认识。也就是说，我实际上犯了一个致命的错误。

　　这是涉及到和混乱的一次会面。我在医院里呆了几个小时之后，刚在汽车里坐下来，打开了录音机，显然是要录下来我对这次去医院留下的印象。我的嗓音压得很低，所以都难以听清楚了。你来之前我还听过这盘录音带；我想每天我都要听好几次。在我来得及录到我这次去医院的事情之前——如果说这就是录音的目的——我停了下来。

为什么汽车的点火钥匙插在打火开关里？我会就这样把钥匙留着离开汽车的吗？或者这根本就不是我的汽车？录音带里沉默了好几秒钟。然后，我的声音又回来了，是微弱的，还有点沙哑：我不知道我是谁了。只知道我看来是被某个陌生人操纵了的人，而这个陌生人声称自己是我的母亲。我既不知道我的名字，也不知道我是从哪里来的。我甚至不能肯定，在医院里的这次会面是否是真的。也许我是靠在驾驶盘上睡着了——我突然想到，某些有关我们最近的亲人的脆弱的梦境会感觉比我们能够证明我们真的经历过的事情还要真实。有那么几分钟里，我就直瞪瞪地看着外面的一片混乱。我其实什么都不是了，不过就是录音带上那个困惑不已咕咕哝哝的声音。很多汽车从旁边驶过，从无意义开来，开进无意义中去。房子就和那些面孔一样疏远，飘过咕咕哝哝的声音。过去的历史从堆满了垃圾的垃圾桶里散发出臭味。而在这所有一切之上的，是狗的疯狂吠叫。这叫声肯定是我一直就知道的，不过现在才第一次听到。这个叫声充满了整个城市的上空，到处都是，也进入了一切事物的里面。我能够瞥见小群小群武装良好的团伙，一会儿在这里出现，一会儿在那里出现。我也可以看到游动着的人们的大腿，就好像是在逃跑中活动着——不过这种逃跑既不能从这个地方离开，也不知道要

111

逃向什么地方。

　　我明白了，这个结构化的现实只存在于你的眼睛和头脑里，不存在于外面的世界里。它们的模式为人的存在提供了一种典范，使得这样的存在可以操作——它们都是伪造的，这样就可以掩盖各种交易的状况。而在那里只有一片混乱。

　　于是会听到录音带上有一声嚎叫：——"难道那些魔鬼已经……？"它的含义要过一会儿才会清楚。我一直被某种怀疑折磨着，我怀疑他们已经把我排挤出去了。是不是我自己就在一场复仇的中心？我嘴里又苦又甜的味道清楚地说明了这一点。我剩下的敌人可能已经联合起来，要试着一起清算我，而不想等得太晚。而那个"家庭"可能对比我给他们带来的明显的不便，已经评估了我现在还有多少价值，疲惫地点头同意了。

　　在录音带上，一会儿这里，一会儿那里，有很长一段只是些不相干的闲谈。然后，我好像又振作起来，试着把事情搞清楚。我当然是在什么地方有自己的归宿的。也许我根本没有被排挤出去。我只不过是有些蛮干。我离开我的复仇基地肯定不止四个小时了，或者随便它叫做什么基地吧，所以我失去了对所有事情的定位。现在我必须冷静下来，要靠思辨找到自己前进的道路。首先要搞清楚的：我是谁？在什么地方找到我的身份的支撑点？护照吗？不行。我的钱包里也没有任何东西。不过在汽车的手套箱里有我的驾驶执照。汽车的手套箱！对啊，我叫做弗里德里克·史迪恩，我出生于一九六一年。这真是一个非常有希望的开端。驾驶执照上的照片当然也是对的。我看上去不会不是那个样子——显然我也不敢让后视镜里照出我面孔的碎片，以便确认照片上是不是我。可我现在住在什么鬼地方？我在做什么鬼事情？我去翻汽车里的地图册，还注意到我的手指在发抖。不管怎么说总有点线索吧。我运气不错，一翻开就翻到了范尔莫德郡。不，不是什么运气；是地图册的书脊上正好在这里有条裂缝。这页上有一个红笔打的叉，沿着一条湖岸线缩进的地方，还画着一个潦草的小图案，像是一条帆船。地图上标的名字是深水湾。我记不得以前是否看到过这个地名，不过到这个地方的距离和汽车上的旅程表的数字多少倒是对得上的。那肯定就是我的家了。当然，前提是这辆汽车确实是我的。

不到一个小时以后，无论如何，我就到了这条船上。一点没错，这里一直是我的家。包括外面山坡上的那些橡树，有战地日记，有所有我的东西。不过还有漏洞。要是这么多年我把这条船当作了基地，我怎么能对付得了冬天的天气呢？这条船的船身经不起冰的磨损，不可能留在冰封的湖水里。难道我是守在一条冬天拉到岸上用篷布盖着的船上？那我怎么等抵挡冬天的寒冷呢？或者我敢上岸住到房子里去？那就要冒险了，可能某个早上醒过来都不知道前后的事情了。我可以重新建构起围绕着我的好像很真实的生活的很大部分，但是最后总会有什么地方是对不上的号。

我是不是总而言之被排挤掉了，现在又想方设法占据一小块现实？我会不会是把我自己读进了另外一个人的日记里，成了那里的一个生活片段，或者在另外一个人的生活环境里为自己看出了一个框架？我作为一个经济师的经验又是否定这种情况的。这种经验把我和这个工作的地点联结在一起。

你的怀疑的表情是在说，你不太相信我在经济学方面有多少专业知识。就好像什么人还能在我们这个时代号称自己有工作能力一样。谁能好到哪里去？在失忆的年代，谁都不会有一份什么好履历的。我也不会比很多其他经济师更差。

无论如何，我再也不会冒这种风险了。在干这一行的人里面，没人还冒得起这种风险，付得出这种代价。医院说是我母亲的那个女人，我听她的话听了太久了。全部的结果就是我开始怀疑，在我认为我过的生活的背后有一段距离的地方，我已经留下了我的生活，大致就好像你在船尾的影子里看到的一条梭子鱼，事实上游在它表面上看见的身体的旁边一点的地方。

我过的是一种虚假的生活吗？

这个问题也录在这个带子上了。当我借用你的清醒的眼睛去看待这所发生的事情，就会有一种洞察力强行地落到我自己身上。没错，我其实已经很久就生活在我自身之外了。我一直相信我是在根据我的条件，计划和执行一个伟大的战役。我有没有说过，这其实很符合我抑制着的自杀冲动——我是按照自己的条件挑起这场战争？我的条件？你强迫我去认识到本来我实际上一直应该知道的事情：除了市场的条件，其实没有任何其他的条件。而我保守秘密的所谓复仇，还相信它会打破某些不可言喻的法律——那**曾经是**不可言语的法律。我的精心伪装的复仇，一个章节一个章节地推进，越来越深入到敌人的国土里——其实在我对手的思想里，这不过是长久的入学作业而已，别的什么都不是。它其实一直就在我的眼前，但是又是在我视野中我自己不能理解的一个部分。我是在碰巧拿到手里的时候才突然看明白这一点的，正好就像你让我注意到的那些切成片的奶酪，它们一直在我眼前，在厨房的案台上，可我之前就没看见。我其实自始至终就活在我的生活之外，还没有一点疑心，还说服我自己，我可以一直保持自我。我的生活一直只是长久的对市场的适应调整而已。

而这个"家庭"就像画像上我的那些先祖一样笑着。

就好像他几乎一分不花就让愤愤不平的农民同意了他开出的条件的时候，他那种开心的微笑。我是不是也让人一分不花就真的站了出来？

混沌世界肯定也会有一种经济学的。我为你勾画出来的蓝图，依然还是可以用得上的。我不是一直在滔滔不绝地说一个不受限制的市场吗？在这个市场上，你会毫不犹豫地抓住你认为长久以来不公正地、不准你去拿的东西。我不是也一直在设计一个开放的生活模式吗？这种模式会让那些被抢劫被侮辱的人有可能当一两小时的王子。我不是还谈到了一个经济舞台吗？在这个舞台上，演员可以随意用任何手段去报复，可以去捅穿那些刚才还占上风的对手的肝，没错，还可以从那些疲惫的跨国公司巨兽身上割下他们的肥肉，只要他们还挡着路不走开就割。不过，在这个舞台上，就在极好的复苏阶段中间，资本也可以来抢夺雇员们靠斗争得来的工资增长或者行业赢利。就好像我们卷入了无穷无尽的连环仇杀，在这种恶斗里你连一记耳光或者对方占的一点便宜都已经忍受不了，你都不敢冒险放过任何一种感觉或者去承认任何错误。我打倒了一个不知名的竞争对手，然后记录下来这次胜利，好像他也参与过对我的迫害。我甚至都来不及享受胜利感。因为我已经越过他而又向前跨了两步。是的，我担心的是我不收一分钱就参加了。问题也是这种恶斗是否到此为止。

我告诉你的事情，当然就是有关复仇的，以眼还眼以牙还牙，根本也不需要提什么过去的不公正。复仇本身就足够了。我和一起比赛的对手之间的区别，不过就是他们根据规则来比赛，而我不是，我完全不想那些规则，我就重新发明一种比赛。

不过，只有在重大的利益不受到威胁的情况下，演员才有吃人的自由。资本并不能自由地去掠夺劳动力。而所冒的风险，在股票市场上像惊吓得马一样跑得越来越快的赌博投机，只要有一种内在的安全还能认可它，就能够照样不变地继续下去。"家庭"已经为大起大落的波动设定了谨慎的但是也无条件的界线。但是这么做了以后，也是为防止混乱设置了路障。事实上是我们唯一的保障。只有这种偷偷摸摸地发出信号的兄弟手足关系，带着它伸出去分布到国家机器、工人运动和工商界最边远界线的分叉，只有它能在国际赌博投机中搞定赢钱的倍数，只有它能在这里和那里为自己买到必需的协议，或者威胁这些协议，这样的话，类似前后情况和发展方向的事情就无论如何还能挽救。只有这种同伙关系，本来是我以为我最厌恶的东西，没有其他东西让我更厌恶了，但只有它是我的保护，可以对付混乱。那么要交的会费该怎么说呢？这个就别多想了，就得把自己扔到自己的脑后去。

不过，"家庭"无论怎么说还是保护我的，帮我防范自己的想法。为了这种小规模的动力，为了一种有着好想法、有生命力还能根据不同情况做出变化的能力的事业，我已经斗争过了。我开始明白，人家让我留着，是把我当作一种宽宏气氛的标志。要是我坚持得足够长久，那么他们也会让我看出混乱的局面，猜想到我的思想的延伸，那是一种猎人的社会，在这个社会里自力更生的小团体会到处转悠寻找猎物，都卷入到一场残酷无情的所有人跟所有人斗的拼搏里，在越来越不可理解的经验堆积起来的垃圾堆里全都迷了路。我是不是都不认识自己的经验了？不过我当然认识这些猎人吧？我也确实能认得出狗的吠叫啊。都在嗅着血的味道。我也能认识那些帮着驱赶猎物的人，能寻找的猎物的线索。我是不是终于看明白了，对付混乱，只有一种保障？

他们引导我，是那么小心，那么无情。

在我努力尝试去理清头绪，把这些互相往死里整的可能性和问题搞清楚的时候，我在身后就留下了这些空空的威士忌酒瓶。可是，看起来是和你谈话之后，我才第一次真的完全搞清楚了。很多事情，我本来早就应该知道却不知道，现在突然有可能看明白了。

也是现在，我突然想到，我其实还有一两份有关孩子的小文件留在手里。我"母亲的"有关那次旅行的消息，不应是什么意外的令人吃惊的事情。我这里有最重要的文件，是一封信，里面还有一张拍得很糟糕的照片，拍的是孩子们站在一个旅馆前的花坛里：女孩子大概是七岁，男孩子大概是五岁。信上有几行字，签名的是雅尼克，信的内容是说明我寄给孩子们的零花钱是怎么花的。信的最后是这样结尾的：我们非常想念你。邮戳已经看不清楚了。曾经有人在照片的底部写下了什么字，是我的笔迹：为什么我不想念他们？

我不知道，说是我母亲的女人讲的事情有多少真实性。但有一点是不可否认的。一个总想复仇的人，不得不在复仇的道路上留下越来越多的自我。曾经在她身上的母性的那些东西，她早就扔在了身后了。我开始意识到，我在自己出人头地的计划里已经取得的成功，其条件其实是和她一样的，就是说，除了有钱之外，我们在其他一切方面则是越来越贫穷。我把我仇敌的愤世嫉俗的心脏都给挖出来了，铺排在这个烤肉架上烧烤成美味，饱餐一顿，借此抢夺他们的力量——完全出乎意料地大获成功。我事实上都不用照镜子就能明白这一点。我能从我板着的面颊上就能感受到这一点。我利用了他们的帮助来确定我自己。

我自己也就有了和他们一样的光板面孔。为了就是到头来可能还要把它们扔掉。

没错，我把我自己留到了我脑后。我把缺少的东西添加到了缺少的东西之上。是我把缺少的东西本身留在了我的身后。

我剩下的东西里，还有一本旧的日记。是一个陌生人写的。我读到，在我童年的时候，我是一个热心的蝴蝶标本收藏家。这对我真是很陌生的事情。自然对我再也没有什么吸引力了。我真的有过这么强烈的好奇心吗？而且丢失了这种好奇心我自己居然还不知道吗？其他那些我热衷的事情呢，也是这样吗？我注意到，当我触及到听莫扎特音乐的狂喜体验的时候，你那副感到很困惑的样子。也许你是对的。我的音乐经验我早已经扔到脑后去了，也许主要还是我最强烈的音乐经验呢。但是，我已经把所有过去一度是我本身的东西都留在身后了，对吗？要是这样的情况，那么坐在这里的这个人，不是靠手套箱里的什么身份文件来帮助确认的。这个能找到来这里的道路，还把自己一块一块地扔在身后的人，显然也有能力把他的孩子们都给丢掉了，还会掐住他母亲的喉咙，而且那种心不在焉的样子，就和他在电脑键盘上敲出销售订单时一样。

要是我至少还能感受到自己缺少什么就好了。

我注意到了，你一次又一次往那条路上张望。你是担心，她随时都会从那个山坡上走下来，还带着大包小包从杂货店里买回来的东西，她一定会奇怪你在这里干什么，赤条条光着身体裹在我的被单里。你的衣服现在已经都干了，所以要说你遭遇不幸的故事，她大概不会买账了。她会站在船舱的门口对我们大喊大叫，手里还拿着从头上解下来的头巾。

你不会明白的是，要是"L"真的跨进船舱里来，开始吵吵闹闹，这里面可要大放光明了。你不会明白的是，要是她在这里面转来转去，先搧你几个耳光，再把你一脚踢出去，然后把我臭骂一顿，唾沫星子都会喷到我的脸上，那时候这里面什么都会突然变得有意思了。对我来说，这个时刻就是女神突然降临到我的行动里的时刻，生活就又落回到该有的位置。我不敢说，这会让我欢天喜地。那种感情用事也许再也不会出现在我身体里了。不过我敢说，那个时候一切就都会改变了。就是呼吸都会变得容易了。

可是没有任何迹象说明她会突然跨进门槛来，没有任何事情能保证她还会回来。你可以自己等着瞧。如果我把她的名字输入这个电脑——

对啊，我就沉默起来，一时无话可说了。你在电脑上看到的，可以确认一切我害怕的事情——尽管"害怕"这个词本身在我内心里并没有什么作用了。我早已经注意到你的怀疑。那种怀疑就像黑烟一样包围着你。多多少少我也能理解你。你非常自然就会越来越怀疑，因为我坐在这里跟你说了几个小时了，还一直没有去碰这些电脑。如果我真的是在我假装的世界事务的中心，那我应该忙个不停了，一会要敲这个键盘，一会儿要敲那个键盘。可我不过是坐在这里跟你闲聊，就像一个退休无事的人，而全部的业务都是在这些电脑设备里自己处理。

所以，当我心不在焉地靠近一部电脑，把"L"的名字敲入键盘，这部电脑就会在我手上咬我一口。你瞧，我的手背上留下的印子就和狗牙咬过留下的印子一样，这里血都渗出来了。现在你甚至开始怀疑了，我和这条船到底有没有什么关系。也许我是最后被人赶出来的，一个阳痿的人，还总想试着再捅进去。而现在我占据了一个别人的一点生活，自己还没意识到。

我无法要你相信我。要是没有合同，没有严厉的违约制裁条款，没人再相信任何人。就是外边的那些树，它们求助的时候都不会相信我。但是不管怎么说，我自己相信我是属于这里的。是那张乱糟糟没有整理过的床铺让我确信这一点。这个我会更清楚地说明一下。

不过，这里面的全部业务让电脑自己去处理，也许是对头的。看起来电脑都是自己在工作。没有任何迹象说明它们需要我，只要保持供电就行。它们是不是有自己的生命？有自己的生活？不管怎么样，你刚才不是看到了吗，要是你去干涉它们的工作，会出什么事情。

会不会是这个"家庭"真的把我赶出来了？会不会是我剩下的仇敌还是赢了这盘棋？要是这种情况，那么属于他们的也不是最后一章，而是最后一章前面的一章。我这里还留着一盒子弹呢。

在我手上咬的这一口，也许会告诉你一个完全不同的故事。我们的出发点是，尽管市场就像脱缰的野马，但是它也会自己管理自己。我们当然能认识到，我们的决定并不完全是我们自己的，但是不管怎么说我们是签字的人。

在我们好斗的意志之间，还会有另外一种意志，一种不可预料的意志。在我们绷紧的面孔里，可能还绷紧了没有什么表情的面孔，而在我们这些认为自己承担着责任的人的心底，可能有什么从来不能承担责任的东西：我们不得不承认，权力会在我们的手指缝之间滑走，但无论如何，我们的手指会在权力上留下指纹。我们当然也会认识到，就在我们中间构成形式的这种意识，能想自己的想法，而且想的方式是我们不能企及的，但是我们无论如何会认为，我们还有充分理由具备一定的信心，一定的信任。难道我们不是同类吗？

但是，现在我们就假设，这种微妙的结构已经开始厌倦了决策者们滞缓的目的和模糊不清的恐惧。我们可以假设市场已经开始摆脱它的操作者，就像生产机器也开始甩掉了千百万工人，因为它们再也用不着这些工人了。还可以假设，这种怀有叵测的意识本来要搞明白我们所有的需求，可对于我们的不足却完全不能理解。假设这种神经质的敏感不管任何感觉而开始摆脱我们这些有血有肉的金融家和政治家——只是我们还没有明白，我们所有人全都要被排挤出去。我们中随便什么人就会在手上被这种新权力的走狗咬上一口。

我说过了：它们开始摆脱我们。我突然想到，也可能是完全相反。可能是我们一个接一个地先失去了对全局的概览，然后失去了和所有重要细节的联系。同时，我们也丢失了测试在经验的光线里一个章节接着一个章节地出现的东西的能力。这种新的不可理解的秩序，然而也是无所不能的秩序，正在摆脱我们而逐渐形成，要是如此，那也将是失忆的最精美的杰作。

也许，以这种方式，我们根本也没有被排挤出去。我们只是失去了控制而已。也许，自从我身处在发生的事情的正中间，这种情况事实上已经有了一段时间了。

在这本日记的最后有一行诗，明显是从什么书评里剪下来的："一个没有人带的头盔取得了权力。"

我的周围已经变得越来越荒凉了。我的小家庭已经被删除掉。海伦不在了，这我还可以接受。她其实也太年轻了，不会和我有什么真正的关系。更糟糕的是一损俱损，孩子也连带着消失了。不过，最后是连……

海伦还是能照顾好她自己的。比较难的是这一对还半大不大的孩子。没有办法去搞清楚他们现在在哪里，过得怎么样。我最后得到他们的消息是这封信，不知怎么寄出的，上面横七竖八盖着戳，"收信人不详"或者"发送地址不明"，然后又是"收信人不详"——最后是晚了几个月邮局才找到我，而信里还是紧急求我寄钱。我肯定想尽了一切办法去找到他们，还给那个不详的地址寄出了汇款单，还搞了一个公开的银行账号，可以让他们在全欧洲查到和取钱。我绝望透顶，肯定是试过各种办法，但最后还是没有什么结果。

我注意到你的怀疑。我也看到，当我不巧谈到了绝望的时候，你做了个鬼脸。你不相信我会那么动感情。

可你明白吗，当你什么都感觉不到的时候，其实会是什么感觉？当你内心的空虚是那么巨大，以致于你都喘不过气来，那时会是什么感觉？不，我既不是心碎，也不是悲哀。其实我都忘记了孩子们的样子。实际上我并不思念他们。我没有任何东西可以用来思念他们。

不过，你可以想想，假如思念是一种语言的话会怎么样。什么都感觉不到的人，也许可以用这种什么都感觉不到的语言来说话。那个故事是怎么说的，那个有关什么骑士把恶龙碎尸万段的故事，他不巧把蘸了龙血的手指塞到了嘴里，突然他听懂了那些鸟和树叶在互相说什么。他还可读出这个妖怪剩下的思想。我确实不知道，我是不是配当一个屠龙英雄的角色。不过我有那么点感觉，我的特别的感性在这么多年里就一直是密切关注那种新的没有词汇的语言，注意去理解它。我可能是少有的具备这种能力的人之一，能听懂这种语言，能用它来交流沟通。

就和神灵一样——对于相信神灵的人来说——神灵也需要中介手段，才能在物质世界里活动，那种新的不可捉摸的权力也需要在感官的王国里有它们的代表。未来的没有面目的掌权者，除了电脑像狗一样狺狺的吠叫之外，没错，除了它们整群猎犬一样的咆哮之外，还不是得在有形的世界里被迫任命这个或那个地方的总领事做个样子。一个能够用冷面对付冷面的人。一个能理解人类语言之外的语言的人。

所以，在这个最后的章节里，也许还是给我打开了一种可能性。这个不可触及的阴谋家，好像是被边缘化了，最后却找到了不可预见的道路，到达了顶峰，越过了他的被胜利冲昏头脑的敌人，越过了那些打着哈欠看着他败落的黑手党。这是最终的复仇。一个没有面目的权力恩准的赦免证书。

没有面目。

我这里面最重要的地方，不，在整个人生里的最重要的地方，是这个船舱里的床铺，被子都扔进了墙角，还有人睡过留下的凹陷的印子，是侧身睡的样子，还有一条腿向上抬着。这是在我们的谈话里变得越来越清楚的：这是我真正爱过的唯一的人留下的印迹，唯一的我认为我爱过的人。她在这里，像一个密集的真空，也就像留在我身上的那种强烈的感觉，是一种不能清理的痕迹。她跟我断了的时候，带走了她的照片。要不然我没有其他办法来解释架子上那个丢弃下来的银色的照片框。她依然从那个空荡的照片框里朝我微笑，是一种捉摸不定的微笑，不，是一种收敛的微笑。一个没有面目的面孔。为了能够重新构想出她的图像，为了能有哪怕千分之一的机会再找到她，我必须留下这个枕头和床单上她留下的印子。她的身体留下的热量已经散发掉了；但是在这里面无论如何还留下了一点点，不过也很快要消失掉的。我还能找到的，就是床单下面的折痕，还有床垫里凹陷下去的部分，还有枕头上干了的口水留下的一小片痕迹，它们还可以告诉我发生过的事情。

在这个船舱里面，我好像有一个空气的雕塑。它躺在这里用一种我无法解释的表情看着我。那个无形的看不见的身体就要站起来，也许是在疯狂的状态，也许是在绝望的状态，胡乱抓起衣服穿在身上，又把不多的几件属于自己的东西扔到提包里，这个身体是唯一的还具有什么意义的事物。是这个身体，还有那些话，在这里的空气里留下了痕迹。那些话的意思是说，我也出卖了她背叛了她。

这个床铺上她的身体留下的痕迹，这里面的空气里她的话留下的伤痕，是最后的我还在乎的事情。但是，当我盯着空空的枕头，空空的床单，这里的空气，我已经什么都感觉不到了。我绝对是什么都感觉不到了。我还拥有的感觉就是这种虚无，而不是思念和悲哀。

就好像她突然听到了一声什么召唤，而这声召唤其实是用一种没有语言的语言。就好像她听见了我试图和鸟和树叶在说什么。于是在绝望和恐惧中，她就离开了我。

可我也急了，不能控制自己。她不能就这样从床铺上爬起来就走掉。她的咖啡杯还在这里呢，杯子打翻了，杯子边缘上还有她的唇膏留下的印子。她不光给了自己时间吃早饭——她还站在阳光下给自己涂唇膏呢。她当然也应该给我机会说清楚呢，让我可以小心地把话装到她的脑子里，能在那里生根，慢慢影响她。

你怀疑这点。她完全可能是吃过早饭以后才明白的，或者认为她自己明白了，所以也根本没有给我时间给我机会让我说清楚。这你当然是对的。不过其他事情也可能都是对的。那个皱巴巴的床铺证明她一醒过来就走掉了。那个翻倒的咖啡杯又说明她是早饭吃了一半突然走掉的。那么那个空空的照片框呢，它说明她一点都不匆忙，连细小的东西都没有放过。事情的前后背景都没有了，上下文都不存在了，那什么解释都不可能放在首位了。

那么这些威士忌酒瓶说明什么呢？你的目光在问这个

129

问题。我难道没有告诉过你吗，我是怎么手里拿着一个酒杯，开始明白了这个"家庭"用什么强制的手段，指导我去看明白对付混乱局面的唯一防卫方法？而且为什么现在会增添了那么多的烦恼？要不是实际上有一种更加不可企及的权力在让我慢慢适应，那又是为什么？要不是我及时出售我的灵魂，卖给了不管我们现在怎么称呼的这个超越人类之上的没有面目的什么东西，那又是为什么？

你用那种样子看我的时候，我身体里都会感到刺痛。这还不仅是因为我注意到你根本不相信我对这个事情过程的说法。而且你认为我在利用你，把你拖在这里是为了让你帮助我弄清楚我自己的麻烦事，也许那么贪婪地吸取你的经验，以致于你自己都认不出来那是你的经验了。你难道没有注意到，这是一个交易的问题？你今天晚上也许知道了不少事情，特别是有关你自己的事情，这样的事情只有我能看出来。可你回报的是什么呢，只是把你的眼睛总往外面的路上瞅，好像你时刻都准备撤退。是的，实际上你最盼望的好像就是我快点说完，这样你就好离开了。

好吧，想走你就走。我真希望从你这里知道的事情，显然我得等以后再说了。我其实不需要把你留在这里，就好像是一种什么公诉人检察官。顺便告诉你，你的衣服也早干了。你他妈的也可以把那条毯子拿走。别说了，你马上就走吧。你可以把衣服夹在胳膊下面。这里是你的鞋子——虽然鞋子还没干，你也就得这么拿着了。你可以到外面的栈桥上去穿衣服。这里没人会来，所以你也不用有什么不好意思的。外面又开始下雨了吗？我他妈才不管呢。不过你可以拿我的伞去。没错，你可能需要伞，可以抵挡外面的那个僵尸。要是你上了条小路以后，不管怎么阴错阳差还是碰到了"L"，那你可以告诉她，让她也见鬼去好了。我一个人过得去。你们都他妈见鬼去吧！

译者后记：剧诗与小说结合的力作

《复仇》是长篇系列"失忆的年代"的第六部，也是至此为止我感觉最难翻译的一部作品。其难度不仅在于语义的忠实转达，能翻译出中文读者可以明白的流畅，也在于这部小说堪称剧诗小说，其语言富有诗意，如何在译文中比较好地再现这种诗意，也是译者面对的一种挑战。

我在第一部《失忆》的译者后记中就提到过，这个长篇系列的所有小说全是由一个人物的戏剧独白式的自言自语构成的。事实上作者也创作过类似形式的舞台剧本，还在斯德哥尔摩国家剧院演出过，同样是一个演员自始至终独白的独脚戏。或许我可以把这种类型的小说称为戏剧小说。但作者不仅是小说家，也不仅是一个独白剧作的剧作家，其实又是一个诗人，出版过多部诗集。作者的诗人特质在这些小说里其实也有明显的展现，而在《复仇》中又特别明显。在这部作品里，诗意的句型表达，诗化的修辞手段，诗情的图像营造，如散金碎玉布满全篇。比如这样的段落：

——我看见了市场。市场无所不在，无所不能。是它为我们铺好了思想的轨道，是它要调控我们心跳的频率和肌肉的张力。是它持续不断在为这里沿岸的那些枯黄的树叶堆设定新的价格，也为我在政治领域获得成功的前景设定新的价格。我能听见不停顿地变动着的挂牌定价的沙沙声响。我能听见不间断地报价争购的咕咕哝哝的声音。我是这个市场里被终身监禁的囚犯，在监狱范围里还可以自由自在，但是每个动作都要服从它的条件。（第54页）

这一段瑞典首相克利夫表达的个人感慨，回应的正是第五部《仇恨》中的主人公克利夫所处的尴尬境地，所在的那个市场空间，表现出掌握政治大权的人都受制于市场的无可奈何。这里的语言有连续不断的比喻和象征，也很有节奏，如"思想的轨道"、"心跳的频率"和"肌肉的张力"等等。市场既为眼前的具体的枯枝败叶定价，也为将来的抽象的政治前途定价，是对比的修辞。

133

欧洲古典戏剧本来多是诗剧，如古希腊戏剧、莎士比亚的《哈姆雷特》或歌德的《浮士德》，而史诗或长篇叙事诗也充满戏剧性，可称为剧诗，如弥尔顿的《失乐园》或拜伦的《恰尔德·哈罗尔德游记》、《青铜世纪》以及《唐璜》等等。进入现代文学之后，小说形式滥觞，大部分小说文体是散文，但有些诗人以诗歌形式创作的小说也称作诗体小说，如普希金的《叶甫盖尼·奥涅金》。同时兼具戏剧和诗歌特点的小说还比较少见，我以为"失忆的年代"总体上就是诗、剧、散文、小说等形式综合运用的一种大胆尝试，就好像《哈姆雷特》里王子哈姆雷特的大段著名独白"生存还是毁灭"，或者《麦克白》里暴君麦克白的大段著名独白"明天、明天、又一个明天"，都不仅被延长成为一部单独的从头到尾在独白的独脚戏，而且赋予了小说的形式。《复仇》则是这种文体尝试的力作。

我估计，读惯了散文体小说的读者，特别是现实主义流派的小说的读者，不再读当代诗歌的读者，可能会不适应读这部小说，甚至怀疑这部小说的"真实性"和"现实性"。在现实中，确实不会有人用这样的诗意语言和人对话交谈，就如现实中再也看不到哈姆雷特式的内心独白。再比如，电脑怎么可能会像狗一样来咬你的手，还让你的手鲜血淋漓呢？

如果再联想当代文学阅读的整个背景，经典性作品早已经退出了大众读者的视野，或者说，读惯"下里巴人"作品的读者，可能再也不知道怎么读"阳春白雪"，那么这类读者的不适应或者怀疑也没有什么可奇怪了。这类读者倒不太可能去怀疑自己的文学观是否出了问题，或者是对文学"真实性"的理解出了什么问题。

文体的创新其实不是叙述语言的游戏。一个人的滔滔不绝的自言自语，充满诗意的表述，不仅建立在一种文学的逻辑之上，也建立在我们所说的对现实的"加缪式的洞见"和"卡夫卡式的寓言"之上。《复仇》不仅是个人的命运故事，描述一个人因为上学时饱受同学侮辱或者父亲被人暗算而破产，立志长大之后报仇雪恨。其实，这部小说是对当前瑞典乃至整个世界的经济发展做了深刻的讽刺和批判。熟悉经济的人都知道，上世纪九十年代以来，整个世界经济受到了一次次的金融风暴的冲击，风暴从香港、新加坡一直冲击到瑞典，从欧洲冲击到美国，遍及世界。这里面，都有作者所说的金融家投机炒作牟取暴利的背景，是"从虚无中创造价值"，买空卖空。作者不无幽默和讽刺地写道，这种泡沫经济，就如香槟酒王唐培里侬被砍掉瓶颈后冒出的气泡（第 65 页）。对于世界金融界，作者这样写道：

这个宽广的经济空间现在已经成了我们生命之室，我们的工作之田，很少再有人愿意在这里只做鸡毛蒜皮的小生意，比如锯木屑做的压缩板或者滚珠轴承。这是什么都可能发生的年代，你可以从虚无中创造出价值。就好像失忆把经济法则都储藏到了阁楼里，然后为我们的创造性提供了自由的表演空间。用货币政策的角度看，一个苹果不是向下掉而是可以向上掉的，而在控制室里赢利是在生意开始之前就毫无麻烦地能赚到手的。资本的老掉牙的见解就是说什么都可以卖给其实什么都不需要的人——从邻居的耕地到冰冻的灵魂——这种见解到了我们这个时代就更加成熟了。我有一种确切的感觉，就连抽象的东西现在也都有一种意义重大的销售价值了。可能性，不确定性，说服力——这些现在都是可以标价的。你可以为一个思想时必要的概念申请专利，防止其他人也想到，又不用付你一分钱。风险就变成了硬通货，债务可以算成你的资产，某个死胡同也可以当作免税品出售。人们带着觉得好玩但可以理解和宽容的眼光来看待那些通常的生产商品拿薪水的苦工：真正的生意不是靠苦力而是靠符号和象征啊。

但是，巨大的提升肯定是随着一切都能抵押的见解才到来的。当人们终于发现，你只要有房地产的一小片也足以当作借债的安全保障的时候，那么你就离虚拟财产也可以典当只有一步之遥了。然后人们就可以把旁人的可能性也拿来当作经济担保，为了最终让当票落在你还没出生的后代手里，而这也全都是为了购买新的虚构价值提供资金，这种价值反过来可以在一次更加快速的转手买卖中又当作抵押出售。经过一两个星期，一大笔称心可观的财富就会集中到少数几个人的手里了。

中国作家余华近年的著作《中国的十个词》里有一个词是"忽悠"，其实"忽悠"并非当代中国人或中国文化的专利。唯利是图的西方资本家金融家，其实也都是"忽悠"的专家。

韩少功在评论作者本系列的上一部《仇恨》时写道："二十世纪以来的小说家，大多怯于直接处理重大的历史事件，似乎在家长里短、鸡毛蒜皮之外智力短缺，或心不在焉。埃斯普马克却是一个惊人的例外。他居然把瑞典、欧洲以及整个世界装进一本并不太长的'小'说，直面全人类紧迫而刺心的精神难题。"我认为，这段评语用于

《复仇》也同样适合，同样精当。

这部小说的翻译，得到作者本人的帮助解疑，得到马悦然先生和陈安娜女士的指点，并由上海世纪文睿总编邵敏先生亲自担任责任编辑并校订把关，译者在此一并致谢。

万 之

2014 年 6 月 8 日

138

图书在版编目(CIP)数据

复仇／(瑞典)埃斯普马克(Espmark, K.)著;万
之译.—上海:上海人民出版社,2014
(失忆的年代:6)
书名原文:Revanschen
ISBN 978 - 7 - 208 - 12447 - 9

Ⅰ.①复… Ⅱ.①埃… ②万… Ⅲ.①长篇小说-瑞
典-现代 Ⅳ.①I532.45

中国版本图书馆 CIP 数据核字(2014)第 149586 号

Revanschen
© KJELL ESPMARK 1996
ISBN 91 - 1 - 963552 - 4
1996 年瑞典北方出版社(Norstedts)第一版

Thanks for the Support from Swedish Arts Council

出 品 人 邵 敏
责任编辑 邵 敏
助理编辑 崔 琛
封面装帧 王小阳工作室

复仇

[瑞典]谢尔·埃斯普马克 著
万 之 译

出　　版 世纪出版集团 上海人 民 出 版 社
　　　　　(200001 上海福建中路 193 号 www.shsjwr.com)
出　　品 世纪出版股份有限公司上海世纪文睿文化传播分公司
发　　行 世纪出版股份有限公司发行中心
印　　刷 常熟兴达印刷有限公司
开　　本 787×1092 1/32
印　　张 4.5
插　　页 2
字　　数 65 000
版　　次 2014 年 8 月第 1 版
印　　次 2014 年 8 月第 1 次印刷
I S B N 978 - 7 - 208 - 12447 - 9/I · 1288
定　　价 20.00 元